新装改訂版

希望の翼《きぼうのつばさ》

池田大作

鳳書院

著 者 近 影

明《あか》るい少年少女と笑顔《えがお》で語《かた》らう著者《ちよしや》（エジプト）

希望《きぼう》あふれる後継者《こうけいしや》を祝福《しゆくふく》する著者《ちよしや》（沖縄《おきなわ》）

元気《げんき》なＳＧＩ未来部員《みらいぶいん》と共《とも》に記念撮影《きねんさつえい》（イタリア）

はじめに

君の夢《ゆめ》は　君しか持てない。
君の宝《たから》は　君しか持てない。
君の使命は　君しか持てない。

今から五百年前、イタリアの天地で、大きな「夢」を広げ、大きな「宝」を輝かせ、大きな「使命」を果たした人物がいます。

絵画《かいが》や彫刻《ちょうこく》をはじめ、音楽や建築《けんちく》、数学、幾何学《きかがく》、解剖学《かいぼうがく》など、あらゆる分《ぶん》野《や》に自分自身の持てる力《ちから》を、思う存分に発揮《はっき》しました。

そうです。ルネサンスの巨人《きょじん》レオナルド・ダ・ヴィンチです。

私が創立した創価大学には、ダ・ヴィンチの大きな像《ぞう》がそびえ、真剣《しんけん》に学びゆく学生たちの成長を見守っています。

歴史にひときわ輝く、この「万能《ばんのう》の天才」も、少年時代は、苦労《くろう》と悩《なや》みの連《れん》続《ぞく》でした。

実のお母さんとは、幼《おさな》くして生き別れました。生活も貧《まず》しかった。学校にも満足《まんぞく》に行けませんでした。十代半《なか》ばで、花の都《みやこ》フィレンツェの工房《こうぼう》に入門したのです。

学歴《がくれき》がないために、青年時代、「無《む》学《がく》の人間」とバカにされたこともありました。

しかし、彼は、経験《けいけん》を通じて、自《みず》からの努力で、生きた学問を学んでいくことを喜びとしていました。そして、苦労して、自《みず》らの汗《あせ》で、いまだかつてない新しい創造《そうぞう》の道を切り開いていくことを、誇《ほこ》りとしていました。むしろ、〝貧しい人を見下《みくだ》し、多くを欲《ほっ》する者こそ、貧しい人間ではないか〟と、悠然《ゆうぜん》と達観《たっかん》していたのです。

ダ・ヴィンチは、こう綴《つづ》っています。

「苦労《くろう》せざるものは幸運《こううん》に値《あたい》せず」*1

「大なる苦悩なくしては、如何《いか》なる完成せる才能もあり得ない」*2

これは、私がお会いしてきた、世界の多くの指導者の方々も、異口同音《いくどうおん》に語っていた信念です。

このダ・ヴィンチが飛行機を考案《こうあん》していたことも、よく知られています。ダ・ヴィンチの希望の翼《つばさ》は、世代《せだい》から世代へ受け継《つ》がれて、実現《じつげん》されていったのです。

この『希望の翼』が発刊《はっかん》されて、はや十年以上の歳月が経《た》ちました。当時、十代であった読者も、立派《りっぱ》に成長して社会で活躍《かつやく》し始める年代《ねんだい》となっています。

先日も、うれしい便《たよ》りが届《とど》きました。それは、中学時代、いじめで苦しんでいた人が、『希望の翼』を読んで励《はげ》まされ、悩《なや》みを乗り越えることができた。そして、その彼は、教育の道に進んで、今、同じように悩む地域の中学生たちを力強く激励《げきれい》しているというのです。

いつの時代も、誰《だれ》にとっても、青春は、思い通りにいかない〝乱気流《らんきりゅう》〟との格闘《かくとう》の連続《れんぞく》です。とくに多感《たかん》な十代は、思いがけない〝嵐《あらし》〟に直面《ちょくめん》することもあるでしょう。

しかし、二十一世紀の大空を羽《は》ばたきゆく皆さんは、どんな烈風《れっぷう》にも胸を張って、自分らしい「希望の翼」を、たくましく、朗《ほが》らかに広げていってください。それを、私は心から願っています。
本書が、皆さんの大いなる青春の勝利の飛翔《ひしょう》へのエールとなるならば、これほどうれしいことはありません。

未来は無限《むげん》だ。
未来は希望だ。
未来は夢《ゆめ》だ。
未来は大活躍《だいかつやく》の劇場《げきじょう》だ。

若き生命の持《も》ち主《ぬし》は
皆が
その魂は
閃光《せんこう》を放《はな》っているのだ。

二〇〇六年七月十七日

著　者

＊1　『レオナルド・ダ・ヴィンチの手記（下）』杉浦明平訳、岩波書店
＊2　カール・ヤスパース著『リオナルド・ダ・ヴィンチ』藤田赤二訳、理想社

新装改訂版
希望《きぼう》の翼《つばさ》

もくじ

写真提供　聖教新聞社／PPS通信社／オリオンプレス
WPS／西日本新聞社／手塚プロダクション
野口英世記念館／アトラス・フォト・バンク
サイモン・ウィーゼンタール・センター
装　幀　阿部元和
イラスト　ヤスオ・アラキ

希《き》望《ぼう》の翼《つばさ》

ハワイ（著者撮影）

青春の〝最優秀選手《さいゆうしゅうせんしゅ》〟に

サッカーのロベルト・バッジョ選手《せんしゅ》

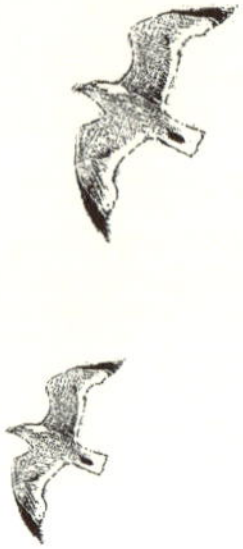

真剣《しんけん》は
不可能《ふかのう》を可能《かのう》にする
勇気《ゆうき》は
試練《しれん》を宝《たから》にかえる

真剣《しんけん》な人は美《うつく》しい。勇気《ゆうき》の人には、はつらつとした前進《ぜんしん》の息吹《いぶき》がある。「真剣《しんけん》」と「勇気《ゆうき》」——この二つこそ、勝利《しょうり》の青春を築《きず》きゆく柱《はしら》であろう。

世界的に有名なサッカー・プレーヤーに、イタリアのロベルト・バッジョ選手《せんしゅ》がいる。一九九三年には、国際《こくさい》サッカー連盟《れんめい》から「最優秀選手賞《さいゆうしゅうせんしゅしょう》」、そして、サッカー界《かい》で最《もっと》も権威《けんい》のある「欧州年間最優秀選手賞《おうしゅうねんかんさいゆうしゅうせんしゅしょう》」の栄誉《えいよ》にも輝《かがや》いた。

一九九四年六月、イタリアのミラノで、バッジョ選手《せんしゅ》と再会《さいかい》した。東京で初めて会ってから、およそ一年ぶりであった。七月にアメリカで行われるワールドカップの出場《しゅつじょう》を間近《まぢか》にひかえ、精悍《せいかん》な顔には、烈々《れつれつ》たる闘志《とうし》がみなぎっていた。旅立《たびだ》つ彼《かれ》を、私は心から励《はげ》ました。

「最後《さいご》の一瞬《いっしゅん》まで、戦《たたか》って、戦《たたか》って、戦《たたか》いきってほしい」と。

ワールドカップでは、苦《くる》しい試合《しあい》の連続《れんぞく》であった。利《き》き足の肉離《にくばな》れ。極度《きょくど》の疲労《ひろう》――。しかし、劣勢《れっせい》にあっても、最後《さいご》の一分一秒まで、死力《しりょく》を尽《つ》くしてプレーする姿《すがた》は、観《み》る人の心を揺《ゆ》さぶった。〝歴史《れきし》に残る健闘《けんとう》〟であったと、だれもが称賛《しょうさん》を惜《お》しまなかった。

バッジョ選手《せんしゅ》の勝利《しょうり》を支《ささ》えたものは何か。それは、だれにも負《ま》けない「真剣《しんけん》」と「勇気《ゆうき》」の姿勢《しせい》を貫《つらぬ》いたことにあると思う。

彼《かれ》のこれまでのサッカー人生は、決《けっ》して平坦《へいたん》な道のりではなかった。右足の靭帯切断《じんたいせつだん》をはじめ、三度にわたる手術《しゅじゅつ》。二年間の休場《きゅうじょう》にも直面《ちょくめん》した。

厳《きび》しい勝負《しょうぶ》の世界である。いかなる理由《りゆう》があれ、試合《しあい》に出場《しゅつじょう》できないことは、

来日《らいにち》したバッジョ氏夫妻《ふさい》を歓迎《かんげい》する著者《ちょしゃ》(右)

創価《そうか》学園《がくえん》で世界一《せかいいち》のプレーを披露《ひろう》するバッジョ氏

選手生命《せんしゅせいめい》に影響《えいきょう》を与える。たとえ、回復《かいふく》できたとしても、戦列《せんれつ》に復帰《ふっき》するのは容易《ようい》ではない。

次々《つぎつぎ》と襲《おそ》いかかる試練《しれん》の嵐《あらし》に、バッジョ選手《せんしゅ》は、どう立ち向《む》かったか。

彼《かれ》は、ある新聞のインタビューで、力強《づよ》く語《かた》っている。

「サッカー人生が終《お》わってしまうという危機《きき》は、自分を見つめ、自分を試《ため》す最《さい》高《こう》の機《き》会《かい》となりました」

「(病院《びょういん》の)ベッドの上で過《す》ごす一分一分が、将来出《しょうらいで》あうであろう、もっと大きな困難《こんなん》に耐《た》える力をつくっているのだと、確信《かくしん》していました」

あらゆる障害《しょうがい》を、〝自分を試《ため》し、鍛《きた》える、最高《さいこう》の機会《きかい》〟と受《う》けとめ、見事《みごと》に乗《の》り越《こ》えていったのである。

前進《ぜんしん》しようとすれば、必ず困難《こんなん》にぶつかる。これは、すべてに通《つう》じる道理《どうり》であろう。

たとえば、大空を悠然《ゆうぜん》と翔《か》ける飛《ひ》行機《こうき》も、目には見えないが、激《はげ》しい空気の抵抗《ていこう》を受けている。しかし、その空気の抵抗《ていこう》が、実《じつ》は、飛《ひ》行機《こうき》を「持《も》ちあげる力（揚力《ようりょく》）」として働《はたら》いている。

故《ゆえ》に、空気のない「真空状態《しんくうじょうたい》」では、飛《ひ》行機《こうき》は飛《と》ぶことができない。つまり、抵抗《ていこう》と戦《たたか》いながら前進《ぜんしん》するからこそ、スピードを増《ま》し、勢《いきお》いよく上昇《じょうしょう》できるのである。

変化《へんか》の多い、青春の大空。〝苦《く》難《なん》の嵐《あらし》こそ、成長の追《お》い風《かぜ》〟との心で、勇《いさ》ましく進んでいきたい。その人こそ〝青春の最優秀選手《さいゆうしゅうせんしゅ》〟である。

楽《らっ》観《かん》主義《しゅぎ》で「心の笑《え》顔《がお》」の人に

『赤毛のアン』の物語《ものがたり》

「人の顔の美《び》と呼《よ》ばれるものは」――ロシアの文豪《ぶんごう》トルストイ（一八二八〜一九一〇年）は語《かた》る。

「すべて、微笑《ほほえみ》のうちにあるように思われる――もし微笑《ほほえみ》が顔に魅力《みりょく》を加《くわ》えるとすれば、その顔は美《うつく》しいが、もしそれがなんの変化《へんか》も与《あた》えないなら、その顔は平凡《へいぼん》だし、もし微笑《ほほえみ》がそれをそこなうようなら、その顔はみにくいのである」

（『幼年時代』中村白葉訳、『トルストイ全集1』所収、河出書房新社）と。

笑顔《えがお》の美《うつく》しい人は、心の美《うつく》しい人である。その人には、希望《きぼう》があり、友情がある。常《つね》に、生きる喜《よろこ》びに輝《かがや》いている。


カナダの雄大《ゆうだい》な自然《しぜん》を舞台《ぶたい》にした、モンゴメリ（一八七四〜一九四二年）の名作『赤毛《あかげ》のアン』。今も、世界中《せかいじゅう》で愛読《あいどく》されている作品である。

アンは、おしゃべりで、おてんばな女の子。どんな場面《ばめん》でも、持《も》ち前《まえ》の明るさで、周囲《しゅうい》に楽しい笑顔《えがお》の花を咲《さ》かせていく。

アンが、知人《ちじん》の〝たいそうな豪邸《ごうてい》〟に招《まね》かれたときのこと。ビロードのじゅうたん、絹《きぬ》のカーテン等々《とうとう》――どれも夢《ゆめ》でしか見たことのない、豪華《ごうか》なものばかりであった。しかし、彼女《かのじょ》には、そんなぜいたくな生活をうらやむ心など、さらさらない。

「この部屋《へや》にはあんまりいろいろの物《もの》があって、しかもみんな、あんまりすばらしいもんで、想像《そうぞう》の余地《よち》がないのね。貧乏《びんぼう》な者のしあわせの一つは——たくさん想像《そうぞう》できるものがあるというところだわね」（村岡花子訳、三笠書房）と、明るく笑《わら》い飛《と》ばしていくのである。


やがて、大学入学を前に、養父《ようふ》が急死《きゅうし》し、アンは、進学《しんがく》を断念《だんねん》せざるをえなくなる。大きな悲《かな》しみであった。しかし、アンは明るく養母《ようぼ》に語《かた》りかける。

「自分の未来《みらい》はまっすぐにのびた道《みち》のように思えたのよ。何マイルもさきまで、ずっと見とおせる気がしたの。ところがいま曲《まが》り角《かど》にきたのよ。曲《まが》り角《かど》をまがった先《さ》きに何があるのかは、わからないの。でも、きっと一番よいものにちが

『赤毛《あかげ》のアン』の作者《さくしゃ》、若《わか》き日《ひ》のモンゴメリ

いないと思うの」（同）
一事《いちじ》が万事《ばんじ》、これが、アンの考《かんが》え方である。アンは、「楽観主義《らっかんしゅぎ》」に生きる名人であった。どんなに不幸《ふこう》な運命《うんめい》に出くわそうと、〝曲《ま》がり角《かど》をまがれば、きっと、すばらしい景色《けしき》が、また広がるにちがいない〟と、前を見つめ続《つづ》けた。
また、アンは、〝友情《ゆうじょう》は人生を美《うつく》しくする〟と、友人を大切にしていた。彼女《かのじょ》のいるところ、いつも友人たちの笑顔《えがお》があった。
こうして、美《うつく》しき財産《ざいさん》を心に積《つ》みながら、アンは教師《きょうし》となり、価値《かち》ある人生を送《おく》っていく。

青春には、晴《は》れの日もあれば、曇《くも》りや雨、雪《ゆき》の日もある。嵐《あらし》の日もあるかもしれない。けれども、いつまでも雨の日が続《つづ》かないのと同《おな》じように、人生にあ

カナダにある“赤毛《あかげ》のアンの家《いえ》”

っても、必ず暖《あたた》かな陽光《ようこう》が、さんさんと降《ふ》りそそぐ日が来《く》ることは、間違《まちが》いない。
私の恩師《おんし》である戸田先生（戸田城聖《とだじようせい》・創価学会第二代会長）はよく、「社会が震撼《しんかん》するような大事件《だいじけん》でも、あとになると大《たい》したことではなくなる。人生とはそうしたものだ。終戦《しゆうせん》のときも、皆《みな》どうなるかと思ったが、数年《すうねん》もすると、そのときの心配《しんぱい》など忘《わす》れてしまった」といわれ、今どんなに苦《くる》しくてもがんばるのだと、青年を温《あたた》かく励《はげ》ましてくださったものだ。

明るい未来を信《しん》じて、今を強《つよ》く生きるのが楽観主義《らつかんしゆぎ》である。自分には耐《た》えられない、ガマンできないと思っても、あとになって振《ふ》り返《かえ》ってみれば、かけがえのない人生の糧《かて》となっていることに気づくものである。

苦《くる》しいときこそ、わが胸《むね》に、楽観主義《らっかんしゅぎ》の太陽を輝《かがや》かせよう。悲《かな》しいときこそ、頭《こうべ》を上げ、胸《むね》を張ろう。「きっと、よくなっていくはずだ」「必《かなら》ず道を開《ひら》いていくのだ」と——。

「宇宙《うちゅう》」と「平和」のロマンの彼方《かなた》へ

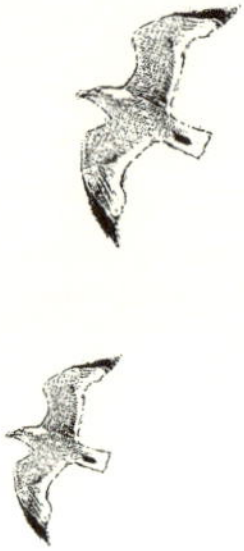

宇宙に向《む》ける目

太平洋戦争《たいへいようせんそう》も末《すえ》のある夜、空襲《くうしゅう》から逃《のが》れて、防空壕《ぼうくうごう》に駆《か》け込《こ》んだときのことである。ふと見上げると、地上をすっぽりと包《つつ》みこむ夜空《よぞら》に、ひとすじの流《なが》れ星が走った。——ああ、あの星々《ほしぼし》は、地上の争《あらそ》いを、どう見ているのだろう。

当時、「平和」は、星の世界にしかなかった。私の四人の兄も、皆《みな》、戦争《せんそう》にとられ、家族《かぞく》の悲《かな》しみは大きかった。

そのとき、私の胸《むね》は、戦争《せんそう》を憎《にく》み、平和を求《もと》める心でいっぱいになった。同時に、この大宇宙《だいうちゅう》の中に、小さくとも、厳然《げんぜん》と存在《そんざい》する、自分自身《じしん》の「生命」を実感《じっかん》した。

〝なぜ、地球上《ちきゅうじょう》には、争《あらそ》いが絶《た》えないのか？〟〝人間として、どう生きていけばよいのか？〟――こうした問《と》いが、少年の心に、強《つよ》く深《ふか》く、刻《きざ》まれたのである。

宇宙《うちゅう》のロマンを眺《なが》める、一〇〇インチ(約二メートル五〇センチ)の反射望遠鏡《はんしゃぼうえんきょう》が、アメリカのウィルソン山天文台《てんもんだい》にある。

この望遠鏡《ぼうえんきょう》から、宇宙論《うちゅうろん》の歴史《れきし》に名を残《のこ》す、数々《かずかず》の新しい事実《じじつ》や法則《ほうそく》が発見《はっけん》されてきた。一九二九年には、アメリカの天文学者《てんもんがくしゃ》ハッブル(一八八九～一九五三年)が、〝遠《とお》くにある銀河《ぎんが》ほど、速《はや》い速度《そくど》で遠《とお》ざかっている〟とする「ハッブルの法則《ほうそく》」を発表《はっぴょう》している。
「宇宙《うちゅう》は膨張《ぼうちょう》している」との、それまでの予測《よそく》に、初めて、きちんとした証明《しょうめい》を与《あた》えたのである。この望遠鏡《ぼうえんきょう》から導《みちび》かれた「ハッブルの法則《ほうそく》」は、今なお、現代宇宙論《げんだいうちゅうろん》を支《ささ》えている。

一九九四年九月、このウィルソン山天文台《てんもんだい》と、関西の創価学園《そうかがくえん》が、コンピューター・オンラインで結《むす》ばれた。日本初《はつ》となるこの計画《けいかく》は、太平洋《たいへいよう》を越《こ》えて、教室《きょうしつ》で天文観測《てんもんかんそく》ができるという画期的《かっきてき》な試《こころ》みである。時差《じさ》を利用し、日本にいながら、アメリカの夜空《よぞら》が見え、すい星《せい》の出現《しゅつげん》などの〝天文《てんもん》ショー〟までも、眼前《がんぜん》に観察《かんさつ》できるのである。

▲創価《そうか》学園生《がくえんせい》がアメリカのウィルソン山天文台《てんもんだい》を訪問《ほうもん》

◀口径《こうけい》24ｲﾝﾁの望遠鏡《ぼうえんきょう》で、ジュピター(木星《もくせい》)を観測《かんそく》する創価《そうか》学園生《がくえんせい》この計画《けいかく》は、一九九三年の秋、アメリカ創価大学で、ウィルソン山天文台《てんもんだい》の所長ロバート・ジャストロウ博士《はかせ》と語《かた》りあった折《おり》、博士《はかせ》より提案《ていあん》していただいたものである。

博士《はかせ》は、世界的な天文学者《てんもんがくしゃ》であり、人類《じんるい》初の月面着陸《げつめんちゃくりく》を成功《せいこう》させた「アポロ計画《けいかく》」の中心者である。

私は博士《はかせ》に申《もう》し上げた。

「大宇宙《だいうちゅう》を仰《あお》ぐことは、心を大きく広げ、視野《しや》を広げ、平和の尊《とうと》さを教《おし》えてくれます。そして、青年に、『大いなる人生』への目を開《ひら》かせてくれるのです」

深《ふか》くうなずかれる博士《はかせ》の姿《すがた》が、印象的《いんしょうてき》であった。

宇宙《うちゅう》に目を向《む》けることは、〝内なる宇宙《うちゅう》〟である「生命」を見つめ、世界の「平和」を考えることにもつながる。

現代の不幸《ふこう》の一つは、雄大《ゆうだい》な宇宙《うちゅう》を眺《なが》めながら、「平和」を語《かた》りあい、「生命」を思索《しさく》する〝心のゆとり〟をなくしていることにあるのではないだろうか。

広大《こうだい》な宇宙《うちゅう》に目を向けよう。そして、心を開《ひら》こう。そのとき、あの星空《ほしぞら》もこの景色《けしき》も、あの人もこの人も、私たちの「生命」までも、より生き生きとした輝《かがや》きを放《はな》って映《うつ》るにちがいない。

人生の〝朝〟をのびのびと

〝おとぎの国の使《し》者《しゃ》〟ワイルドスミス

「どうか素晴《すば》らしい人生を送《おく》ってください。そして、世界がもっと住みやすい所になるよう、手助《てだす》けをしてください。それは素晴《すば》らしい世界です。大切にしてください」

イギリスの著名《ちょめい》な童画家《どうがか》、ワイルドスミス氏のメッセージが、会場《かいじょう》にさわやかな感動《かんどう》を広げた。

一九九二年二月、香港《ホンコン》で開かれた「『童話《どうわ》——輝《かがや》く子どもの世界』——世界の童画《どうが》とワイルドスミス・池田大作の作品展《てん》」のオープニングでのことである。

氏は、私が創作《そうさく》した『雪《ゆき》ぐにの王子さま』や『少年とさくら』『お月さまと王女』『さくらの木』などの童話《どうわ》にも、彩《いろど》りあざやかな、美《うつく》しい絵《え》を描《えが》いてくださっている。

氏の絵《え》本《ほん》に、『さあ　みんな　ついておいで!』(長瀬禮子訳、太平社)という作品がある。

——ある山に、一頭《いっとう》のヤギが住《す》んでいた。ヤギは山の暮《く》らしに退屈《たいくつ》し、ふもとの町へ下《お》りることにした。ひとりでは寂《さび》しいので、ヒツジやウシ、ブタやロバを次々《つぎつぎ》にさそって、町へ引き連《つ》れていく。

「さあ、みんな、ついておいで！」。ヤギは、得意《とくい》になって呼《よ》びかける。皆《みな》が自分のあとについてくるので、鼻高々《はなたかだか》であった。

しかし、この一群《いちぐん》は、店《みせ》のものを勝手《かって》に食《た》べたり、たびたび騒《さわ》ぎを起《お》こす。ヤギについて来た動物《どうぶつ》たちは、皆《みな》にいやがられ、何度《なんど》も追《お》いたてられる。

やがて、ヤギが、「さあ、みんな、ついておいで！」と言っても、だれもついていかなくなった。

結局《けつきょく》、動物《どうぶつ》たちは目が覚《さ》めて、ヤギのもとから去《さ》っていく。ヤギは、最後《さいご》にひとりぼっちになってしまうのである――。

氏は、この作品に込《こ》めた思いを、「この物語《ものがたり》は〝盲目的《もうもくてき》に指《し》導者《どうしゃ》につき従《したが》うと、人はだまされやすく、また不幸にもなる〟ということを教《おし》えたかったので

童画《どうが》家《か》のワイルドスミス氏（左）と和《なご》やかに語《かた》り合《あ》う著者《ちょしゃ》

著者《ちょしゃ》の『雪《ゆき》ぐにの王子《おうじ》さま』に描《えが》かれているワイルドスミス氏の作品《さくひん》

す」と、語《かた》っておられた。

こうすれば、どう思われるかな、――そういうことばかり気《き》にして、まわりの人に従《したが》っていく生き方は、楽《らく》かもしれない。しかし、この物語《ものがたり》のヒツジやロバのように盲目的《もうもくてき》になると、ヤギのような悪《わる》い人間に、簡単《かんたん》にだまされてしまう。それでは、あまりに浅《あさ》く、わびしい生き方である。

何のために、何を学《まな》ぶのか。この一生をどう生きるのか――。この問《と》いに、「自分はこうする」「自分はこう思う」という確《たし》かな考《かんが》え、つまり「哲学《てつがく》」を持《も》った人は強《つよ》い。

その人は、「自立《じりつ》」の人格《じんかく》をもち、「自立《じりつ》」の人生を歩《あゆ》む。また、家族《かぞく》や友人とも、互《たが》いに理解《りかい》し、尊敬《そんけい》しあえる、よき関係《かんけい》を結《むす》んでいくであろう。

人生を一日にたとえれば、青春時代は、いわば〝人生の朝〟である。新鮮《しんせん》な空気を胸《むね》いっぱいに吸《す》って、「朝」を見事《みごと》に出発《しゅっぱつ》しよう。自分らしく、自分の力で——。

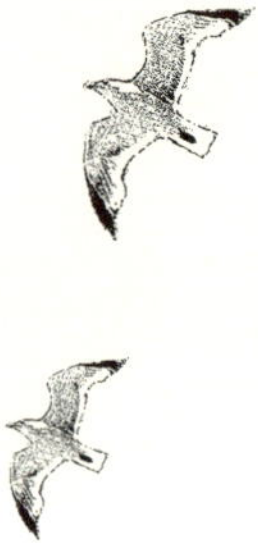

人生の栄冠《えいかん》は「最後《さいご》の勝利《しょうり》」に

イギリスの名首相《めいしゅしょう》ディズレーリ

第二次世界大戦下《だいにじせかいたいせんか》のイギリス——。ナチスの総攻撃《そうこうげき》を受《う》けて、破壊《はかい》された焼《や》け跡《あと》に、首相《しゅしょう》チャーチル（一八七四〜一九六五年）は、悠然《ゆうぜん》と立った。最《もっと》も苦《くる》しい戦《たたか》いのただなかにあっても、彼《かれ》はたじろがなかった。葉巻《はまき》を口に、Vサインを掲《かか》げて、朗《ほが》らかに民衆《みんしゅう》を激励《げきれい》したのである。

チャーチルは語《かた》った。

「われわれの目的《もくてき》はなんであるかとお尋《たず》ねになるならば、私は一言《ひとこと》でその問《とい》に答《こた》えましょう——勝利《しょうり》、この二字《にじ》であります。あらゆる犠《ぎ》牲《せい》を払《はら》い、あらゆる辛苦《しんく》に耐《た》え、いかに長く苦《くる》しい道程《どうてい》であろうとも、戦《たたか》い抜《ぬ》き勝《か》ち抜《ぬ》くこと、これであります」

（ロバート・ペイン著『チャーチル』、佐藤亮一訳、文化放送開発センター出版部）

チャーチルの時代から、さかのぼること約《やく》百年、世界一の繁栄《はんえい》を誇《ほこ》った十九世紀のイギリスを代表《だいひょう》する首相《しゅしょう》に、ディズレーリ（一八〇四～八一年）がいる。

「世紀《せいき》の名首相《めいしゅしょう》」とうたわれた彼《かれ》も、政治家《せいじか》としての第一歩《だいいっぽ》は、さんざんなものだった。

議会《ぎかい》での記念《きねん》すべき初演説《はつえんぜつ》。晴《は》れの舞台《ぶたい》である。〝静《しず》かに聴《き》く〟というのが、〝紳士《しんし》の国〟らしい議会《ぎかい》の慣習《かんしゅう》であった。

ところが、ディズレーリの演説《えんぜつ》に対《たい》しては、一言《ひとこと》ごとに哄笑《こうしょう》がわき、ヤジとざわめきで、ひどい騒々《そうぞう》しさとなった。彼《かれ》の話す声も聞こえない。大混乱《だいこんらん》の議《ぎ》会《かい》となった。

ディズレーリが目のかたきにされた理由《りゆう》の一つは、しかるべき学歴《がくれき》がなかったためとされる。彼《かれ》は、いわゆる有名校《ゆうめいこう》を出ていなかった。まったくの「独学《どくがく》の人」であった。

学歴《がくれき》に実力《じつりょく》がともなうとは限《かぎ》らない。しかし、少なからず、世間《せけん》は学歴《がくれき》で人を判断《はんだん》する。有名校《ゆうめいこう》を出ていないというだけで、真《しん》の実力者《じつりょくしゃ》をも、しめ出そうとする。

ディズレーリ

1833年のイギリス議会《ぎかい》の様子《ようす》(ロンドン：ナショナルポートレートギャラリー蔵)

騒然《そうぜん》とした議場《ぎじょう》で、彼《かれ》の演説《えんぜつ》は、まったく聞こえない。だが、彼《かれ》は、だれも聞いていなくとも、ともかく語《かた》り続《つづ》け、語《かた》り終《お》えた。

そして、議会史《ぎかいし》に残《のこ》る一言《ひとこと》を、言い放《はな》つ。

「私はいろんなことに何度《なんど》も手をつけました（中略）そしてしばしば最後《さいご》には成《せい》功《こう》したのであります」「私はこれで着席《ちゃくせき》しますが、みなさんが私の言葉《ことば》に耳を傾《かたむ》けるときがいつかくるでしょう！」（A・モロワ著『ディズレーリの生涯』安東次男訳、『世界教養全集27』所収、平凡社）と。いばるエリートたちに向《む》かって、彼《かれ》は胸《むね》を張《は》り、一矢《いっし》を報《むく》いた。痛快《つうかい》な場面《ばめん》である。

この最後《さいご》の一句《いっく》、〝我《われ》に耳傾《かたむ》ける日、必《かなら》ず来《きた》るべし〟は、やがて現実《げんじつ》となった。彼《かれ》は名首相《めいしゅしょう》として信望《しんぼう》を得《え》て、人々《ひとびと》は彼《かれ》の言《げん》を聞かざるをえなくなったからで

著者撮影《ちょしゃさつえい》の英国国会議事堂《えいこくこっかいぎじどう》。右手《みぎて》には1859年から時《とき》を刻《きざ》むビッグ・ベンが

ある。

また、彼《かれ》は名演説家《めいえんぜつか》として、だれもが聞きほれるだけの修練《しゅうれん》を重《かさ》ねていた。初登壇《はっとうだん》のときの悔《くや》しさが、奮起《ふんき》をもたらしたのである。

〝バカにするならしろ！　君たちが笑《わら》っている間に、私は「本物《ほんもの》」になってみせる。勉強《べんきょう》をしぬいて、「どこからでも来《こ》い」という力を蓄《たくわ》えてみせる！〟——このような心境《しんきょう》でもあったろうか。

ディズレーリは勝《か》った。「最初《さいしょ》の敗北《はいぼく》」を、「最後《さいご》の勝利《しょうり》」への起爆剤《きばくざい》にした。逆《ぎゃく》に、彼《かれ》をあざ笑《わら》った人々《ひとびと》は、汚名《おめい》を残《のこ》すことになったのである。

ディズレーリは言った。「絶望《ぜつぼう》とは愚者《ぐしゃ》の結論《けつろん》なり」と。彼《かれ》は、「絶望《ぜつぼう》」と思える条件《じょうけん》、境遇《きょうぐう》を、渾身《こんしん》の力で、自分の味方《みかた》につくりかえた。

何かあるたびに愚痴《ぐち》を言ったり、不幸《ふこう》を嘆《なげ》いたり、そんな弱々《よわよわ》しい心であっては、勝利《しょうり》はつかめない。自分の力で環境《かんきょう》を変え、自分にふさわしい舞台《ぶたい》をつくっていけばよいのである。

イギリスの小説家《しょうせつか》、ゴールドスミス（一七二八〜七四年）は、「吾人《ごじん》の最大《さいだい》の栄光《えいこう》は、一度《いちど》も失敗《しっぱい》しないことではなくて、倒《たお》れる度《たび》に起《お》きるところにある」と言っている。大切なことは「最後《さいご》に勝《か》つ」ことである。一時の成功《せいこう》や失敗《しっぱい》に一喜《いっき》一憂《いちゆう》したり、人をうらやむ必要《ひつよう》などない。

人生は長い。失敗《しっぱい》しない人よりも、「一度《いちど》や二度《にど》の失敗《しっぱい》がなんだ！」「勝負《しょうぶ》はこれからだ！」と、何度《なんど》でも立ち上がる人のほうが、味《あじ》わい深《ぶか》い歴史《れきし》を築《きず》けるのではないだろうか。

読書《どくしょ》は「内なる宇宙《うちゅう》」への旅《たび》

ヘッセの詩《し》「書物《しょもつ》」

若き日の私にとって、読書《どくしょ》は最大《さいだい》の楽《たの》しみであった。古典《こてん》や新刊本《しんかんぼん》、世界の文学書《ぶんがくしょ》など、それこそ片時《かたとき》も手《て》放《ばな》さないくらい読書《どくしょ》にいそしんだ。書店《しょてん》を回《まわ》り、長い行列《ぎょうれつ》に並《なら》んで、欲《ほ》しかった本をやっと手にしたときの喜《よろこ》びは、今もあざやかである。
終戦直後《しゅうせんちょくご》の貧《まず》しい時《じ》代《だい》である。用紙《ようし》はたいてい、再生紙《さいせいし》。ザラザラした黄《き》ばんだ紙《かみ》であった。しかし、表紙《ひょうし》をめくったときのインクのほのかな香《かお》りは、これから私の目に飛《と》び込《こ》んでくる未知《みち》の世界《せかい》への興味《きょうみ》を、かきたててくれた。

一冊《いっさつ》の本には、いろいろな人生があり、世界がある。一人《ひとり》の人間が、実際《じっさい》に体験《たいけん》できる人生は一つしかないが、読書《どくしょ》は、あらゆる人生を教《おし》えてくれる。


日本を代表《だいひょう》する漫画家《まんがか》に、手塚治虫《てづかおさむ》氏(一九二六~八九年)がいる。〝日本人はなぜマンガが好きなのか？ それは、手塚治虫がいたからだ〟とさえいわれる。

(「朝日新聞」一九八九年二月十日付社説、参照)

彼《かれ》は少年の頃《ころ》、もちろん、マンガも好《す》きだった。しかし、それ以上に徹底《てってい》した〝本の虫〟であった。彼《かれ》は兵庫県宝塚市《ひょうごけんたからづかし》の出身《しゅっしん》。そこから大阪の小学校へ電《でん》車《しゃ》で通学《つうがく》した。電車《でんしゃ》の中で、文学の全集《ぜんしゅう》や科学《かがく》の本などを、片《かた》っぱしから読《よ》んだといわれる。

一流といわれる人は、青春時代に、読書《どくしょ》に挑《いど》んでいるものだ。彼《かれ》の深《ふか》みのあるマンガは、豊富《ほうふ》な読書体験《どくしょたいけん》が背景《はいけい》にあった。マンガの大家《たいか》も、マンガの中から生まれたのではない。読《よ》みこんだ「本の世界」から生まれたといえる。

ドイツの文豪《ぶんごう》ヘルマン・ヘッセ（一八七七〜一九六二年）に、「書物《しょもつ》」と題《だい》する詩《し》がある。

この世のどんな書物《しょもつ》も
君に幸福《こうふく》をもたらしてくれはしない
けれども書物《しょもつ》はひそかに君をさとして

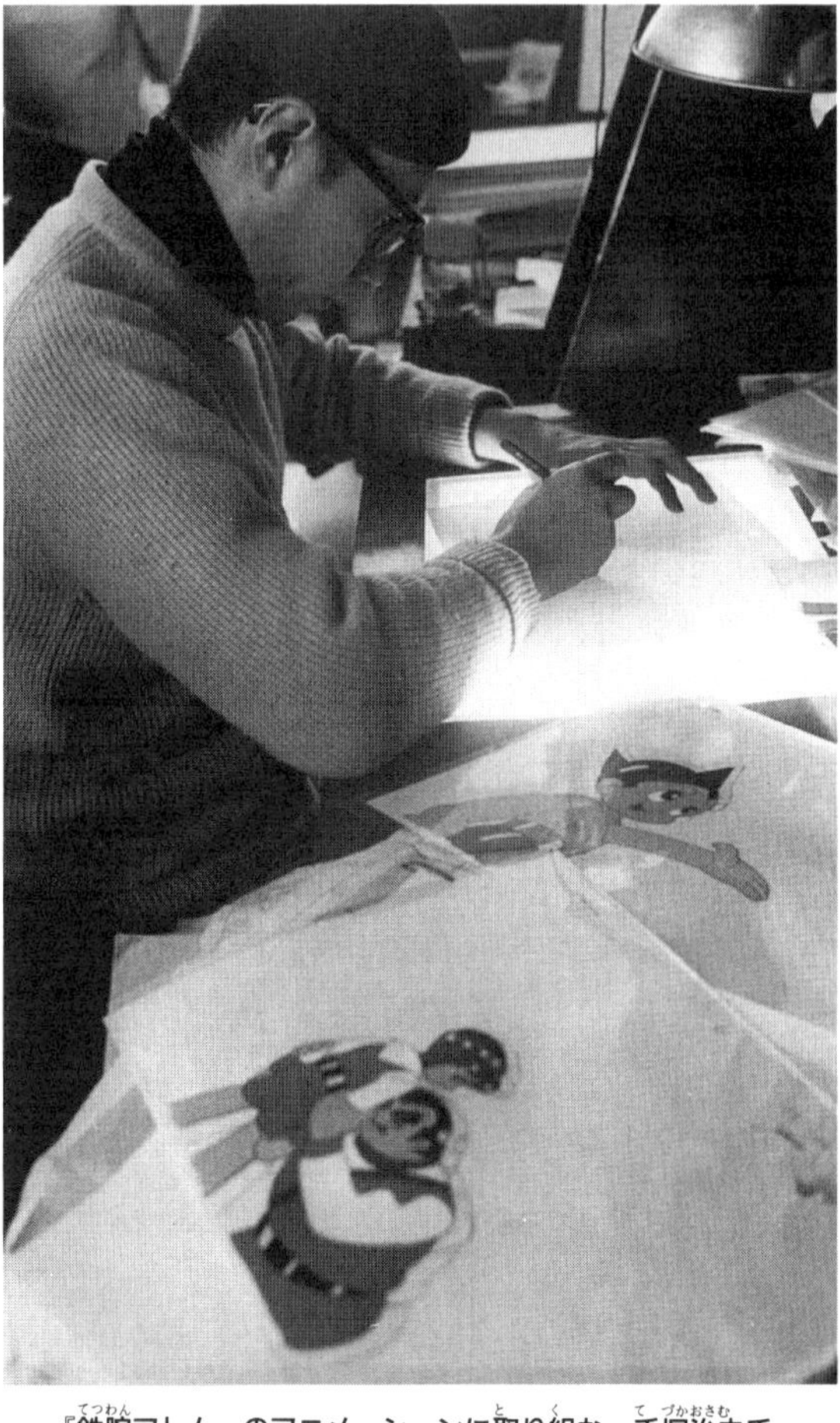

『鉄腕《てつわん》アトム』のアニメーションに取《と》り組《く》む、手塚治虫《てづかおさむ》氏

君自身《じしん》の中へ立ち返《かえ》らせる

そこには太陽も星も月も
君の必要《ひつよう》なものはみんなある
君が求《もと》めている光は
君自身《じしん》の中に宿《やど》っているのだから

（『生きることについて』三浦靭郎訳編、社会思想社）

書物《しょもつ》それ自体《じたい》に、幸福《こうふく》があるのではない。けれども、読書《どくしょ》する人は、謙虚《けんきょ》に、自分の〝内なる世界〟を見つめることができる。自分の中の〝内なる光〟を発《はっ》見《けん》するための精神《せいしん》の航海《こうかい》、〝内なる宇宙《うちゅう》〟への旅《たび》——それが読書《どくしょ》なのである。

青年時代《せいねんじだい》のヘッセ

昔話《むかしばなし》を一つ、紹介《しょうかい》したい。

父の遺言《ゆいごん》で、「あの荒《あ》れ地の中に宝《たから》がある」と聞《き》いた息子《むすこ》たちが、くる日もくる日も、懸命《けんめい》に荒《あ》れ地を掘《ほ》った。しかし、なかなか「宝《たから》」は出てこない。こうして一年後《ご》、荒《あ》れ地は立派《りっぱ》に耕《たがや》されていた。

ある人が、それを見てほめた。「こんなに見事《みごと》に耕《たがや》された土地なんてほかにない。どんな作物《さくもつ》でもできるだろう。すごい財産《ざいさん》だ」と。そのとき、息子《むすこ》たちは初《はじ》めて悟《さと》る。父親《ちちおや》の言ったとおり、「宝《たから》」はあった、と——。

読書《どくしょ》に置《お》きかえていえば、「読《よ》む」ことが「心を耕《たがや》す鍬《くわ》」になる。「知恵《ちえ》」や「幸福」は、本来《ほんらい》、すべて、自分の中に備《そな》わっている。読書《どくしょ》という「鍬《くわ》」が、心の土壌《どじょう》を耕《たがや》して、はじめて、それらは力強《づよ》く芽《め》を出し始《はじ》めるのである。

一日、二十分でもよい。三十分でもよい。読書《どくしょ》に取り組み、自分で思索《しさく》を重《かさ》ねていくことは、豊《ゆた》かな人格《じんかく》の基《き》盤《ばん》を築《きず》いていく。

決《けっ》して無理《むり》をしたり、背伸《せの》びをする必要《ひつよう》はない。大切なのは、少しずつでも、本を開《ひら》いていこうとする「心のゆとり」である。その一歩《いっぽ》一歩《いっぽ》の積《つ》み重《かさ》ねこそが、未来《みらい》を創《つく》る力となるのである。

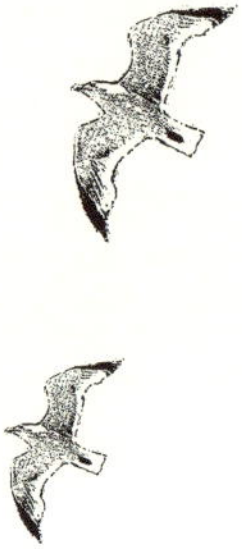

「創造《そうぞう》の泉《いずみ》」は、わが胸中《きょうちゅう》に

「ラジウム」を発見《はっけん》したキュリー女史《じょし》

「みすぼらしい、古ぼけた倉庫《そうこ》のなかでくる日もくる日も研究《けんきゅう》に熱中《ねっちゅう》していたあの数年間《すうねんかん》こそ、わたくしたちの生涯《しょうがい》のもっともすばらしい、もっとも幸福《こうふく》な時代だったのです」（『自伝』木村彰一訳、『世界ノンフィクション全集8』所収、筑摩書房）
――マリー・キュリー女史《じょし》（一八六七～一九三四年）は、晩年《ばんねん》、しみじみと語《かた》った。

彼女《かのじょ》は、ラジウム元素《げんそ》の発見《はっけん》などにより、史上初《しじょうはじ》めての、二度のノーベル賞《しょう》（最初は夫妻《ふさい》で受賞《じゅしょう》）に輝《かがや》いた。その栄光《えいこう》よりも、ずっと幸福《こうふく》だった時代――「あの数年間《すうねんかん》」とは、いったい、どのような日々《ひび》だったのだろうか。

満開《まんかい》の桜《さくら》に見守《みまも》られて、一九九四年四月、創価女子短期大学《そうかじょしたんきだいがく》（東京・八王子）の「文学の庭《にわ》」に、創立十周年《そうりつしゅうねん》を記念《きねん》する「マリー・キュリー像《ぞう》」が除幕《じょまく》された。

フラスコを掲《かか》げ研究《けんきゅう》に打《う》ち込《こ》む女史《じょし》の姿《すがた》を、かたどったものである。

けっして華《はな》やかな像《ぞう》ではない。しかし、大《おお》いなる理想《りそう》を見つめ、真理《しんり》を求《もと》めぬいていく姿《すがた》を象徴《しょうちょう》している。その真剣《しんけん》なまなざしは、神々《こうごう》しいまでに美《うつく》しい。

では、彼女《かのじょ》が、夫《おっと》とともに発見《はっけん》した「ラジウム」は、どこにあったのか。

――それは、実に、廃棄物《はいきぶつ》、すなわち用済《ようず》みになったゴミの中から発見《はっけん》された。
ラジウムの存在《そんざい》は当初《とうしょ》、学者《がくしゃ》たちから、まったく信用《しんよう》されなかった。「あると
いうなら、純粋《じゅんすい》な形で取り出して、見せてもらいたい」と。
この疑《うたが》いの声に対して、夫妻《ふさい》は、粘《ねば》り強《づよ》く、挑戦《ちょうせん》を開始《かいし》する。だが、ラジウ
ムが含《ふく》まれているはずの鉱石《こうせき》は、あまりにも高価《こうか》で、貧《まず》しい夫妻《ふさい》には、とても
手に入らない。しかし、二人《ふたり》は、あきらめることなく、〝知恵《ちえ》〟を発揮《はっき》する。
工場《こうじょう》には、使用済《しようず》みの鉱石《こうせき》の「残《のこ》りかす」が、ゴミとして捨《す》てられているで
はないか。残《のこ》りかすなら、安く手に入るにちがいない。その中に、ラジウムは
ちゃんと残《のこ》っているはずだ！――。
そして、工場《こうじょう》から一トンもの「残《のこ》りかす」を、無償《むしょう》でもらい受けたのである。

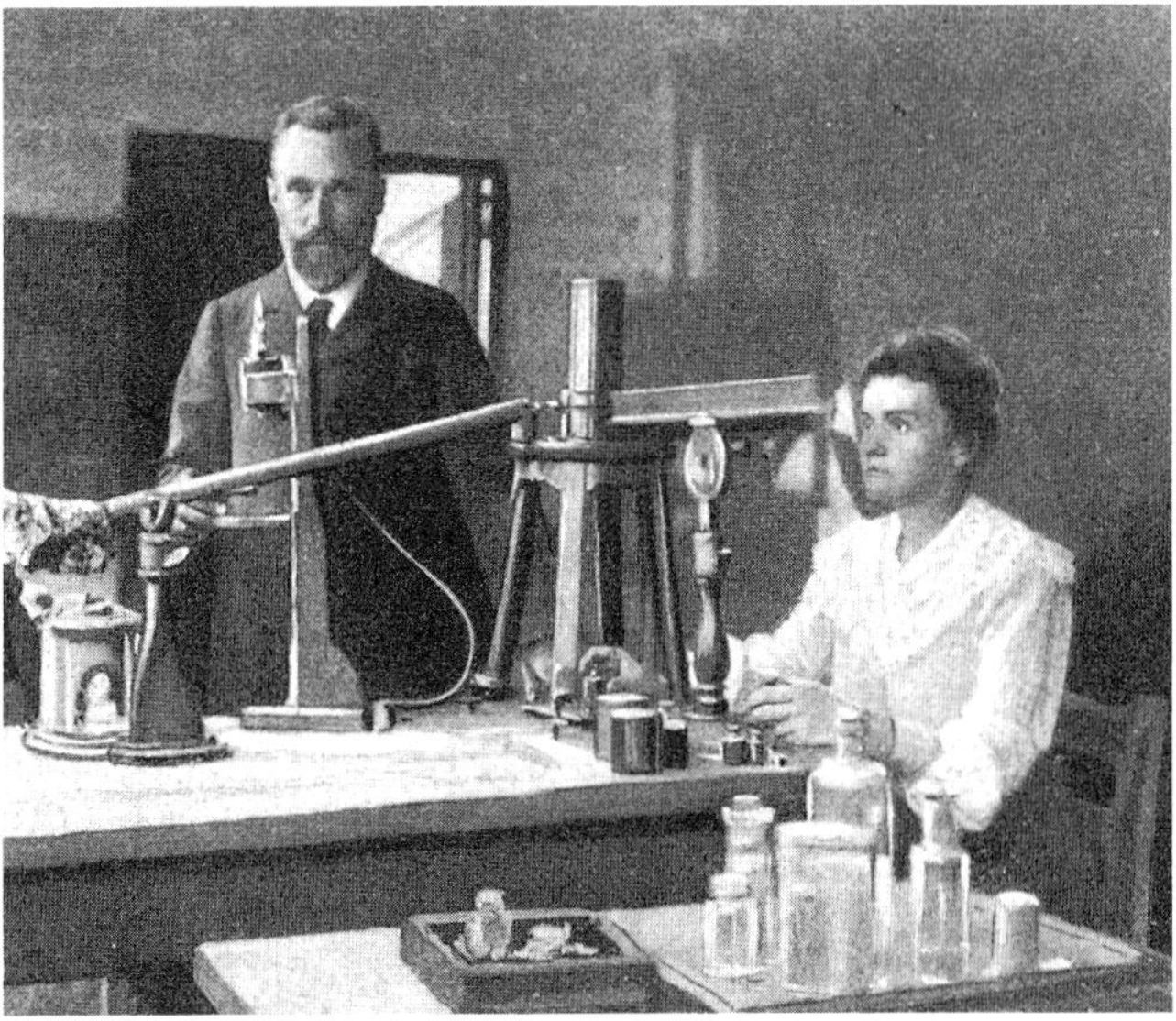

実験中《じっけんちゅう》のキュリー夫妻《ふさい》

実験《じっけん》が行《おこな》われた場所《ばしょ》、それは、二人《ふたり》がやっとの思いで借《か》りた、雨もりのする、今にも壊《こわ》れそうな倉庫《そうこ》であった。冒頭《ぼうとう》に紹介《しょうかい》したキュリー女史《じょし》の言葉《ことば》に出てくる、あの「古ぼけた倉庫《そうこ》」である。十分《じゅうぶん》な設備《せつび》もない、その倉庫《そうこ》の中で、彼女《かのじょ》は、背丈《せたけ》ほどもある重《おも》い鉄《てつ》の棒《ぼう》を使って、どろどろに溶《と》けた鉱石《こうせき》の固《かた》まりを、くる日もくる日も、かき回《まわ》した。

およそ四年間、血のにじむような日々《ひび》が続《つづ》き、ついにラジウムの抽出《ちゅうしゅつ》に成功《せいこう》した。夫妻《ふさい》は、劣悪《れつあく》な環境《かんきょう》の中で、勝利《しょうり》を満天下《まんてんか》に示《しめ》したのである。

否《いな》、むしろ、条件《じょうけん》が悪《わる》かったからこそ、より深《ふか》い、人生の充実感《じゅうじつかん》をつかむことができたといえる。

私と対談集《たいだんしゅう》を出した、ライナス・ポーリング博士《はかせ》（一九〇一～九四年）は、「現代《げんだい》

創価《そうか》女子《じょし》短期《たんき》大学《だいがく》に建《た》つキュリー女史《じょし》の像《ぞう》

化学《かがく》の父」として、また、平和運動家《へいわうんどうか》として世界的に高名《こうめい》である。化学賞《かがくしょう》と平《へい》和賞《わしょう》の、二度のノーベル賞《しょう》を受賞《じゅしょう》している。

語《かた》らいの折《おり》、博士《はかせ》は、研究《けんきゅう》の成功《せいこう》の秘訣《ひけつ》として、二点をあげておられた。

一つは、「人よりもじっくりと考《かんが》え続《つづ》けること」。もう一つは、「一つの分野《ぶんや》の考《かんが》えを他《た》の分野《ぶんや》に生かしていくこと」。

決してあきらめない「粘《ねば》り強《づよ》さ」と、創意工夫《そういくふう》をする「知恵《ちえ》」——この博士《はかせ》の結論《けつろん》は、キュリー女史《じょし》の研究《けんきゅう》の足跡《そくせき》とも一致《いっち》している。

勉強《べんきょう》は、粘《ねば》り強《づよ》い挑戦《ちょうせん》の繰《く》り返《かえ》しである。疑問《ぎもん》が一つ消《き》えると、また、新《あら》たな疑問《ぎもん》にぶつかる。そこでくじけることなく、工夫《くふう》を重《かさ》ねていく。そうやって、一歩《いっぽ》一歩《いっぽ》、理解《りかい》を深《ふか》めることができる。

その地道《じみち》な努力《どりょく》の日々《ひび》こそが、やがて、自分自身の忘《わす》れ得《え》ぬ歴史《れきし》となりゆくことを忘《わす》れまい。

よき「出会《であ》い」は青春の宝《たから》

ロマン・ロランの若き日の交流《こうりゅう》

青春――それは、美《うつく》しき出会《であ》いの光彩《こうさい》である。よき出会《であ》いは、このうえない滋養《じよう》となって、よき人生を実《みの》らせていく。
私が、人生の師《し》・戸田先生と出会ったのは、十九歳《さい》のときであった。それまでの一切の価値観《かちかん》が崩壊《ほうかい》した、戦後《せんご》の混乱《こんらん》の中にあって、私は確《たし》かな指針《ししん》を求《もと》めていた。

正しい人生とは何か？　真《しん》の愛国者《あいこくしゃ》とは？――初対面《しょたいめん》にもかかわらず、私の率直《そっちょく》な質問《しつもん》を、戸田先生は温《あたた》かく受《う》け入れ、明快《めいかい》に答《こた》えてくださった。そのときの感動《かんどう》は、今も忘《わす》れられない。


私が若いころから親《した》しんできた作家《さっか》に、フランスの文豪《ぶんごう》ロマン・ロラン（一八六六～一九四四年）がいる。『ジャン・クリストフ』などの作者《さくしゃ》として有名《ゆうめい》である。自由を愛《あい》する、人間性豊《にんげんせいゆた》かな人であった。

そのロランにも、若き日に、人生の方向を決定《けってい》づける「出会《であ》い」があった。「精神《せいしん》の巨人《きょじん》」ヴィクトル・ユゴー（一八〇二～八五年）を知ったのである。

少年ロランは、ブドウが房々《ふさふさ》と実《みの》り、牛たちが草を食《は》む、のどかな牧場《ぼくじょう》を歩きながら、農夫《のうふ》が口ずさむユゴーの詩《し》を耳にする。

民衆《みんしゅう》とともに生きる文豪《ぶんごう》の、ほとばしる魂《たましい》――。その力強《づよ》い詩《し》の響《ひび》きは、「病身《びょうしん》で孤独《こどく》な少年」であったロランの心を魅了《みりょう》した。それ以来《いらい》、ユゴーを求《もと》めるロランの思いは、時とともに、大きくふくらんでいく。

ロランが、ユゴーに初《はじ》めて出会《であ》ったのは、十七歳《さい》の夏《なつ》。今でいえば、高校生の年代《ねんだい》である。

スイスに旅行中《りょこうちゅう》のロランは、そこにユゴーが滞在《たいざい》していることを知り、母や妹《いもうと》とともに、ホテルの庭《にわ》でユゴーを待《ま》った。

大変《たいへん》な人だかりのなか、ユゴーが姿《すがた》を現《あらわ》す。ロラン青年は、人々《ひとびと》の歓声《かんせい》に応《こた》えて「共和国万歳《きょうわこくばんざい》」と叫《さけ》ぶ〝精神《せいしん》の英雄《えいゆう》〟を、目の当《ま》たりにする。それは、一瞬《いっしゅん》の出会《であ》いであった。

ロランは、そのときの感動《かんどう》を、のちに、こうつづっている。

若《わか》き日《ひ》のユゴー

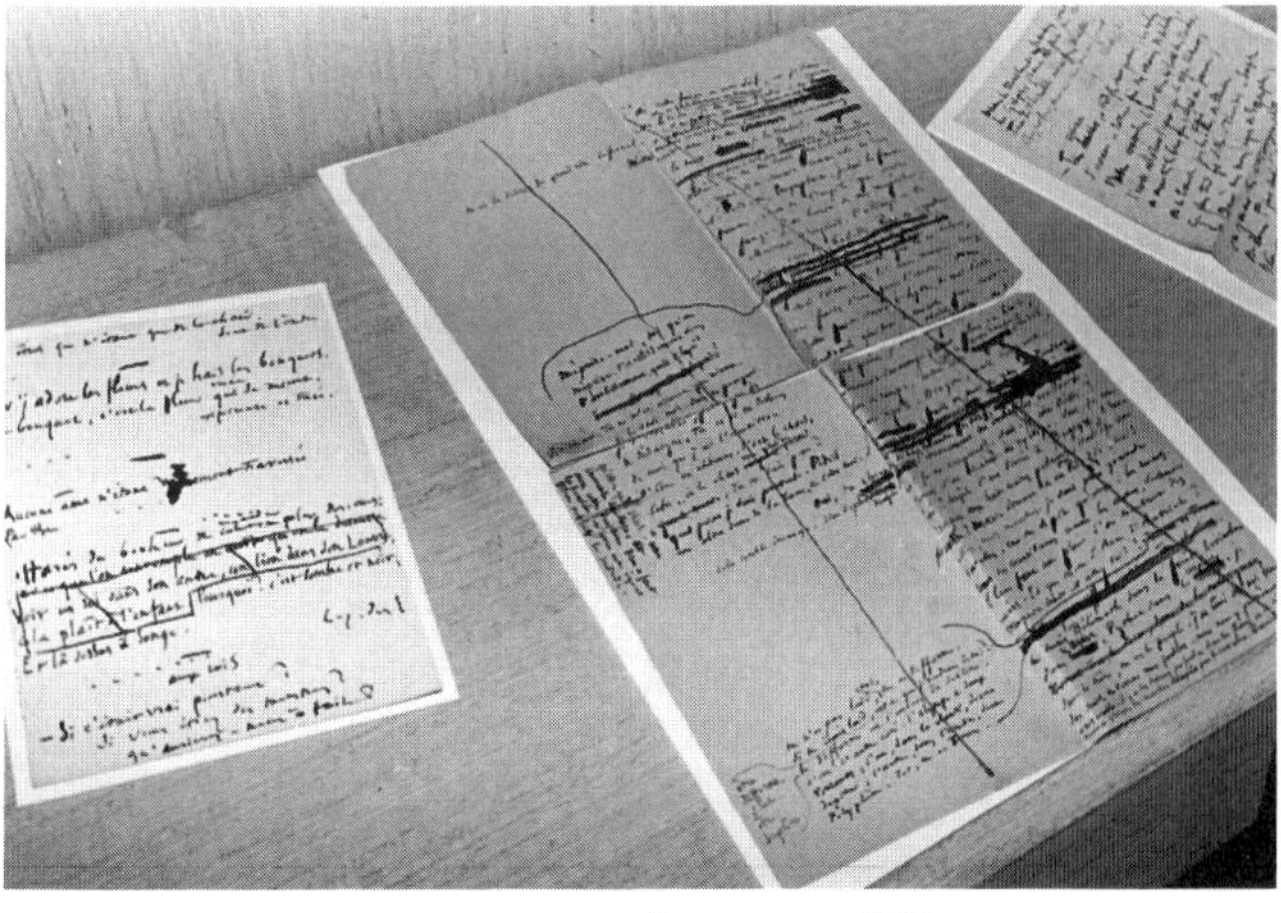

『レ・ミゼラブル』などを書《か》きとどめた自筆《じひつ》のメモ

「五十年をへだてた今日《こんにち》（中略）私はこの言葉《ことば》（「共和国万歳《きょうわこくばんざい》」）を受《う》けとって、わが仲間《なかま》のあなた達《たち》に伝《つた》える。共和国《きょうわこく》の周《まわ》りに、整列《せいれつ》しよう！」（「道づれたち」宮本正清訳、『ロマン・ロラン全集19』所収、みすず書房）
ユゴーからロランへ、人間共和《きょうわ》への〝精神《せいしん》のバトン〟は、しっかりと受け継《つ》がれた。ロランは、この青春の「誓《ちか》い」のままに、その人間愛《あい》の魂《たましい》を、あとに続《つづ》く若き人々《ひとびと》に呼《よ》びかけていったのである。まさに、一瞬《いっしゅん》の出会《であ》いが、「黄金《おうごん》」と輝《かがや》いたのである。

ロランは、ロシアの文豪《ぶんごう》トルストイとも、生涯忘《しょうがいわす》れえぬ交流《こうりゅう》を結《むす》んでいる。
二十一歳《さい》のとき、ある疑問《ぎもん》にとらわれたロランは、すでに世界的な名声《めいせい》を博《はく》していたトルストイにあてて、長文《ちょうぶん》の手紙をしたためた。もちろん、ロランに

ロマン・ロラン

とって、トルストイは〝雲の上〟の存在《そんざい》であった。まさか返事《へんじ》が来るとは、夢《ゆめ》にも思っていなかった。

ところが、トルストイは、無名《むめい》の一青年ロランに対し、三十八ページにものぼる、丁重《ていちょう》な返事《へんじ》を送《おく》ったのである。感激《かんげき》したロランは、のちに大成《たいせい》してからも、彼《かれ》にならい、良心《りょうしん》の問《と》いかけに対《たい》しては、必ず真心《まごころ》の返事《へんじ》をしたためるよう心がけたという。


一流の人には、必ずといってよいほど、よき師《し》、よき先輩《せんぱい》との出会《であ》いがあるものだ。心開《こころひら》かれた人は、よき友人に恵《めぐ》まれ、よき後輩《こうはい》に囲《かこ》まれていく。

戸田先生は、よく言われていた。

「人生には、さまざまなことがある。ゆえに必ず、何でも相談《そうだん》できる人を一人、心に置《お》いておくことが大事である」と。
よき出会《であ》いは、人生の「希望《きぼう》の門《もん》」であり、また「安全《あんぜん》の門《もん》」なのである。

戦《たたか》う姿《すがた》は美《うつく》しい

ミケランジェロの「ダビデ」像《ぞう》

「私は、一日も怠《なま》けたことはない」――そう言い切れる人生を送《おく》った人がいる。

その人は、十五歳《さい》で彫刻《ちょうこく》を始《はじ》め、八十九歳《さい》で死ぬまで働《はたら》き続《つづ》けた。

人々《ひとびと》が驚嘆《きょうたん》し称賛《しょうさん》する作品を、どんなにたくさん作りあげても、その人は、「これでいい」とは思わなかった。常《つね》に、前の作品を乗《の》り越《こ》えるものを求《もと》めて、限界《げんかい》に挑《いど》んだ。

その人とは、イタリア・ルネサンスをあざやかに照《て》らした巨人《きょじん》、ミケランジエロ（一四七五〜一五六四年）である。

一九九四年五月、芸術《げいじゅつ》の花の都《みやこ》・フィレンツェを訪問《ほうもん》した折《おり》、「ダビデ」像《ぞう》（複《ふく》製《せい》）が建《た》つ、ミケランジェロ広場を訪《おとず》れた。

広場からは、色彩《しきさい》豊かな整然《せいぜん》とした街並《まちな》みが、一望《いちぼう》できる。目の前には、アルノ川が、ゆったりと流《なが》れていた。

ミケランジェロの「ダビデ」像《ぞう》は、高さ五メートルを超《こ》える、堂々《どうどう》たる威容《いよう》である。この作品に着手《ちゃくしゅ》したとき、ミケランジェロは二十六歳《さい》の青年であった。

彼《かれ》は、それまでだれも手をつけず、何十年もの間、放置《ほうち》されていた、巨大《きょだい》な大理石《だいりせき》のかたまりに挑《いど》む。

〝よし、彫《ほ》ろう！　ここにダビデを――〟


ミケランジェロの「ダビデ」像《ぞう》には、際立《きわだ》った特色《とくしょく》がある。それは何か。

「ダビデ」とは、古代《こだい》のイスラエルで、宿敵《しゅくてき》の巨人《きょじん》ゴリアテを倒《たお》し祖国《そこく》を救《すく》った、羊飼《ひつじか》いの〝無名《むめい》の青年〟である。

それまで「ダビデ」といえば、敵《てき》の首を討《う》ち取って踏《ふ》みつける〝勝利《しょうり》の場面〟として描《えが》かれるのが通例《つうれい》であった。

しかし、ミケランジェロは違《ちが》った。彼《かれ》は、戦《たたか》い終えて勝《か》ち誇《ほこ》るダビデではなく、まさにこれから戦《たたか》おうとする、挑戦《ちょうせん》の姿《すがた》、出発《しゅっぱつ》の姿《すがた》を、堂々《どうどう》と彫《ほ》ったのである。

シニョリーア広場《ひろば》に建《た》つ「ダビデ」像《ぞう》（左）

敵《てき》を一点に見つめて動《うご》かない、鋭《するど》いまなざし。戦《たたか》いを前にした、燃《も》えあがるような気《き》迫《はく》と緊張感《きんちょうかん》が伝わってくる。実《じつ》に、勇気《ゆうき》りんりんとした像《ぞう》である。

当時、フィレンツェの自由と独立《どくりつ》は、危機《きき》にさらされていた。独裁支配《どくさいしはい》を狙《ねら》う者たちの野《や》望《ぼう》が渦巻《うずま》き、外国勢力《がいこくせいりょく》の脅威《きょうい》も迫《せま》っていた。

ミケランジェロの「ダビデ」像《ぞう》は、議《ぎ》会《かい》の広場の中央に置《お》かれ、困難《こんなん》に立ち向《む》かう市民の団結《だんけつ》を、大いに鼓《こ》舞《ぶ》したのである。

勝利《しょうり》を誇《ほこ》る姿《すがた》――それも美《うつく》しい。しかし、それ以上に美《うつく》しく気高《けだか》いのは、〝さあ、戦《たたか》うぞ！〟という、挑戦《ちょうせん》の姿《し》勢《せい》であろう。勝《か》ち誇《ほこ》る人間は、傲慢《ごうまん》になったり、調子《ちょうし》に乗ったりする場《ば》合《あい》がある。ミケランジェロは、そういう人間を彫《ほ》ろうとはしなかった。

勝《か》っても負《ま》けても、「戦《たたか》う」こと自体《じたい》が尊《とうと》いのである。何があろうと〝挑《いど》み続《つづ》ける〟人は、すでに人間として勝《か》っているといえる。

「ダビデ」像《ぞう》には、そうしたミケランジェロの烈々《れつれつ》たる思いが、刻《きざ》まれているように思えてならない。

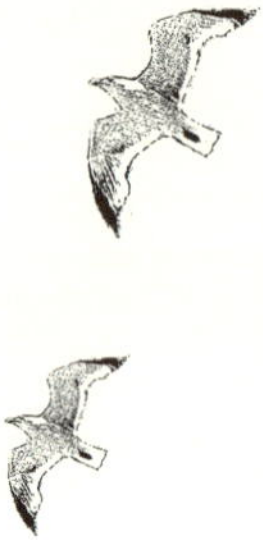

心を開《ひら》き、心に届《とど》く「声」の力

人権《じんけん》の闘士《とうし》　マーチン・L・キング

「私は夢《ゆめ》を持《も》つ」——アメリカの公民権運動《こうみんけんうんどう》の指導者《しどうしゃ》マーチン・ルーサー・キング（一九二九～六八年）は、「ワシントン大行進《だいこうしん》」の演説《えんぜつ》で、訴《うった》えた。

「わが友よ、われわれは今日《きょう》も明日《あす》も困難《こんなん》に直面《ちょくめん》しているが、私はそれでもなお夢《ゆめ》を持《も》つと申《もう》し上げたい」

「私の四人の小さな子供《こども》たちがいつの日か、皮膚《ひふ》の色《カラー》によってではなく、人格《じんかく》の深《コンテント》さによって評価《ひょうか》される国に住《す》むようになるであろう、という夢《ゆめ》を持《も》っている」（梶原寿著『マーティン＝L＝キング』清水書院）
暗雲《あんうん》を吹《ふ》き飛《と》ばすかのような、高らかな信念《しんねん》の「声」。その響《ひび》きが、どれほど人々《ひとびと》を勇気《ゆうき》づけ、希望《きぼう》を与《あた》えたことか。
彼《かれ》は、一九六四年に、ノーベル平和賞《へいわしょう》を受賞《じゅしょう》。しかし、四年後、非道《ひどう》な暗殺《あんさつ》の凶弾《きょうだん》に倒《たお》れる。三十九歳《さい》の若さであった。
アメリカの黒人《こくじん》（アフリカ系《けい》アメリカ人）による人権闘争《じんけんとうそう》の大きな波《なみ》が起《お》こったのは、今世紀《こんせいき》の半《なか》ばであった。その突破口《とっぱこう》となったのが、アラバマ州での「バス・ボイコット運動《うんどう》」である。運動《うんどう》は、一九五五年、理不尽《りふじん》な差別《さべつ》に「ノー！」と叫《さけ》んだ一人の黒人《こくじん》女性の、信念《しんねん》の「声」から始《はじ》まった。

その女性とは、私の大切な友人、ローザ・パークス女史《じょし》である。女史《じょし》は、バスの座席《ざせき》を白人に譲《ゆず》らなかったとして、不当《ふとう》に逮捕《たいほ》されたのだった。このとき、女史《じょし》とともに立ち上がったのが、若き指導者《しどうしゃ》キング氏なのである。

それまで耐《た》え忍《しの》んできた黒人《こくじん》の怒《いか》りが、一気《いっき》に爆発《ばくはつ》した。〝バスなんか乗《の》らなくてもいい！　どうして差別《さべつ》される必要《ひつよう》があるんだ。われわれは歩《ある》く！〟――。

バスを利用《りよう》していた、二万人もの黒人《こくじん》たちが皆《みな》、歩《ある》くようになった。

なかには、家から職場《しょくば》まで、二十キロも離《はな》れている人もいた。しかし、だれもが辛抱《しんぼう》強く、また誇《ほこ》り高く歩《ある》いた。ラッシュアワーには、徒歩《とほ》の黒人《こくじん》たちで、道路《どうろ》がいっぱいになった。乗客《じょうきゃく》がいなくて空《から》っぽで走《はし》るバスを、歓声《かんせい》をあげて笑《わら》い飛《と》ばしながら――。

ローザ・パークス女史《じよし》(左)と和《なご》やかに会談《かいだん》する著者《ちよしや》

かつて、私は、キング氏の盟友《めいゆう》であった、ハーディング博士《はかせ》と会談《かいだん》したことがある。博士《はかせ》は、現在《げんざい》、アメリカ・デンバー大学の教授《きょうじゅ》をされ、「人権《じんけん》」と「平和」のために、世界的な活動《かつどう》を続《つづ》けておられる。

博士《はかせ》は、キング氏の思い出を、懐《なつ》かしそうに語《かた》ってくださった。

「彼《かれ》は、常《つね》に、自分が矢面《やおもて》に立ったのです」

「集会《しゅうかい》のときも、聴衆《ちょうしゅう》を励《はげ》ましたのは、彼《かれ》のスピーチというよりは、そこから伝わる〝勇気《ゆうき》〟でした」と――。


キング氏の「勇気《ゆうき》」は、高校時代の、一つの事件《じけん》が原点《げんてん》となった。高校生であった彼《かれ》は、ある町で開《ひら》かれた弁論《べんろん》大会に出場《しゅつじょう》し、優秀《ゆうしゅう》な成績《せいせき》をおさめる。

1965年アラバマの集会《しゅうかい》でのマーチン・L《ルーサー》・キング氏（右）とローザ・パークス女史《じょし》

ところが、楽《たの》しいはずの帰《かえ》りのバスのなか、後《あと》から乗《の》った白人に座席《ざせき》を譲《ゆず》るよう強要《きょうよう》される。ただ黒人《こくじん》だというだけで、無理《むり》やり席《せき》を立たされたことは、〝人生で最《もっと》も悔《くや》しい体験《たいけん》〟として、心に深《ふか》く刻《きざ》み込《こ》まれた。

彼《かれ》は、〝いつか必《かなら》ず、人間を苦《くる》しめる差別《さべつ》をなくしたい〟と、強《つよ》く誓《ちか》ったのである。（辻内鏡人・中條献著『キング牧師』岩波書店、参照）

彼《かれ》には、悪《あく》への憤《いきどお》りがあった。正義《せいぎ》を貫《つらぬ》く情熱《じょうねつ》があった。信念《しんねん》に生きる誇《ほこ》りがあった。ゆえに、その声は勇気《ゆうき》に満《み》ちて、苦《くる》しみ悩《なや》む民衆《みんしゅう》の「心」に届《とど》いた。

一人《ひとり》の真実《しんじつ》の叫《さけ》びが民衆《みんしゅう》の心を開くとき、歴史《れきし》は音をたてて回転《かいてん》していく。

堂々《どうどう》とした「正義《せいぎ》の声」は、正義《せいぎ》の空間《くうかん》を広げていく。これが「声」の持《も》つ力である。

戸田先生は、「声ひとつで、その人がわかるものだ」と、よく語《かた》っておられた。

「声」を大事《だいじ》にしていきたい。力強《づよ》く、りんりんと、皆に勇気《ゆうき》と安心を与《あた》える声――。そのためにも、その声を発《はっ》する「心」を磨《みが》いていくこと、強《つよ》くしていくことである。

人生の大地に、確《たし》かな〝根《ね》っこ〟を

古代ギリシャ『プルターク英雄伝《えいゆうでん》』

若き日に愛読《あいどく》した一書《いっしょ》に、『プルターク英雄伝《えいゆうでん》』がある。ギリシャ、ローマの政治家《せいじか》や軍人《ぐんじん》たち五十人の伝記《でんき》を集《あつ》めたもので、古代《こだい》ギリシャのプルタルコスが、六十歳《さい》を超《こ》えてから、十年以上かけて書き上げた大著《たいちょ》である。

そのなかに、古代ギリシャの政治家《せいじか》であり、史上《しじょう》最高の弁論家《べんろんか》といわれた、デモスシニース（紀元前三八四～三二二年）のエピソードがある。

少年時代、彼《かれ》は、ある政治家《せいじか》の演説《えんぜつ》を聞《き》き、「雄弁《ゆうべん》の力」に圧倒《あっとう》された。それを機《き》に、彼《かれ》も弁論家《べんろんか》になる決意《けつい》を固《かた》める。当時、弁論家《べんろんか》になることは、政治家《せいじか》になることを意味《いみ》していた。

しかし、彼《かれ》は生まれつきの口べたであった。人の前に出ると、すぐ赤面《せきめん》してしまう。ましてや、大勢《おおぜい》の人々《ひとびと》の前で演説《えんぜつ》するなど、とうてい、考えられなかった。

初《はじ》めて聴衆《ちょうしゅう》の面前《めんぜん》で演説《えんぜつ》したときのこと。

「さんざんな野次《やじ》に会い、その異様《いよう》な耳慣《みみな》れない話体《スタイル》のために嘲笑《ちょうしょう》を浴《あ》びせられた。それはもっとも聞き苦《ぐる》しく不愉快《ふゆかい》な長い語句《ごく》と月並《つきな》みな論法《ろんぽう》を使《つか》いすぎたからである」（鶴見祐輔訳、潮文庫）

そのうえ、声は弱々《よわよわ》しく、舌《した》もうまく回らなかった。長い文章《ぶんしょう》も切れぎれとなり、言わんとする意味《いみ》も伝わらない。大きな失望感《しつぼうかん》を味《あじ》わった。

だが、あきらめなかった。この屈辱《くつじょく》の体験《たいけん》が、弁論《べんろん》への取《と》り組《く》みを本気《ほんき》にさせたのである。

一流の弁論家《べんろんか》になりたい。そのためにも、人一倍努力《ひといちばいどりょく》するしかない——彼《かれ》は、悔《くや》しさをバネに、「失望《しつぼう》」を「新《あら》たな決意《けつい》」へと変《か》えた。

あるときは、海岸《かいがん》に行き、波音《なみおと》高き潮騒《しおさい》に向かって、大声で弁論《べんろん》の練習《れんしゅう》をした。また、あるときは、発音《はつおん》のクセを直《なお》すために、小石《こいし》をいくつも口に入れて、けいこをした。

地下室《ちかしつ》に練習場《れんしゅうじょう》を作り、演技《えんぎ》の仕方《しかた》や、声の出し方などを、鍛錬《たんれん》したことも

古代《こだい》ギリシャの戦闘《せんとう》の様子《ようす》を表《あらわ》したテルメ・ルドビシの石棺《せきかん》

イッソスの戦《たたか》い(アレクサンダー大王《だいおう》とダレイオス3世《せい》の戦《たたか》い)を描《えが》いたモザイク(ナポリ：国立考古美術館蔵)

ある。二カ月、三カ月と続《つづ》けて練習《れんしゅう》するために、髪《かみ》の毛を剃《そ》り、あえて人前《ひとまえ》に出られないようにしたとも、プルタークは伝《つた》えている。
それればかりではない。彼《かれ》は、日常《にちじょう》、人々《ひとびと》と会ったり、話したりすることも、すべて「訓練《くんれん》の場《ば》」とした。人々《ひとびと》と別《わか》れるとすぐ、地下室《ちかしつ》の練習場《れんしゅうじょう》に直行《ちょっこう》し、自分の発言《はつげん》の内容を見直《みなお》し、改《あらた》めたという。（同、参照）
まさに「史上《しじょう》最高の弁論家《べんろんか》」も、「生まれ付《つ》きの天才ではなく、その雄弁宏辞《ゆうべんこうじ》のいっさいは不断《ふだん》の努力《どりょく》に負《お》う」（同）のである。

南アフリカに、アカシアの一種《いっしゅ》で、「スウィート・ソーン」という木がある。
この木は、乾燥《かんそう》した砂漠《さばく》に、隆々《りゅうりゅう》と育《そだ》つ。どうしてか——。
それは、〝根《ね》を深く張《は》っている〟からである。水が乏《とぼ》しい砂漠《さばく》にあって、地下《ちか》水《すい》を少しでも吸《す》い上げようと、どんどん根《ね》を伸《の》ばしていく。その根《ね》の長さは、じつに五十メートルから六十五メートルにも及《およ》ぶという。

目に見えないところで、深く根《ね》を張《は》っていくからこそ、砂漠《さばく》のような過酷《かこく》な環境《かんきょう》のなかでも、たくましく成長していける。

人間もまた同じである。だれも見ていないところで、どれだけがんばれるか――。そこに、その人の真価《しんか》が磨《みが》かれる。

華《はな》やかでなくともよい。平凡《へいぼん》でもよい。人知《ひとし》れず、「今に見よ！」と歯《は》を食《く》いしばって、学《まな》び、鍛《きた》えぬいた人が、自分らしい使命《しめい》と勝利《しょうり》の花を咲《さ》かせるのである。

偉《い》業《ぎょう》を支《ささ》えた「師《し》弟《てい》の誓《ちか》い」

日本に渡《わた》ったツーンベリー

ケンペル、ツュンベリー
見たまえ、あなたがたの植《う》えた木はここに、
緑《みどり》に栄《さか》え毎年花《はな》を咲《さ》かせています。
育《そだ》てた人を忘《わす》れずに、そしてまごころをこめた花環《はなわ》をささげるのです。
（大森實編『シーボルトと日本の近代化』（法政大学）の中で、木村陽二郎氏が呉茂一氏訳として紹介）

江戸時代、日本の医学《いがく》の発展《はってん》に貢献《こうけん》した、ドイツの医学者《いがくしゃ》シーボルトが、長《なが》崎《さき》の出《で》島跡《じまあと》に建《た》てた記《き》念碑《ねんひ》に刻《きざ》んだ言葉《ことば》である。

ツーンベリー(一七四三〜一八二八年)は、北欧《ほくおう》の国スウェーデンが誇《ほこ》る植物学者《しょくぶつがくしゃ》である。彼《かれ》は、一年あまりにわたる日本滞在中《たいざいちゅう》に、未知《みち》の植物《しょくぶつ》を次々《つぎつぎ》に発見していった。日本の植物《しょくぶつ》の学名《がくめい》は、江戸時代に彼《かれ》が命名《めいめい》したものが、最《もっと》も多いといわれている。

かつて、スウェーデン国立東洋美術館《こくりつとうようびじゅつかん》のビルギン館長《かんちょう》から、日本の浮世絵《うきよえ》をスウェーデンに初めて伝《つた》えたのも、このツーンベリーであると、伺《うかが》ったことがある。

では、なぜ、ツーンベリーは、はるばる日本まで渡《わた》ったのか――。そこには、強《つよ》い「師弟《してい》の誓《ちか》い」があった。


ツーンベリーの師《し》は、カール・フォン・リンネ（一七〇七～七八年）。〝花の王〟と慕《した》われた、「近代植物学《しょくぶつがく》」の創始者《そうししゃ》である。ツーンベリーがリンネと出会ったのは、十八歳《さい》のとき。以後《いご》、彼《かれ》はリンネのもとで、九年間にわたって、医学や博物学《はくぶつがく》を学《まな》んだ。

リンネには、壮大《そうだい》な夢《ゆめ》があった。それは、世界中の全生物を調査《ちょうさ》し、分類《ぶんるい》・体系化《たいけいか》することである。しかし、すでに老齢《ろうれい》であったリンネには、世界を旅《たび》することは、およそ不可能《ふかのう》であった。

その師匠《ししょう》の心を受《う》け継《つ》ぎ、夢《ゆめ》の実現《じつげん》に立ち上がったのが、ツーンベリーをは

ツーンベリーの肖像《しょうぞう》

じめとする、若き弟子《でし》たちである。その一人、ツーンベリーは、はるか極東《きょくとう》の日本へと旅立《たびだ》つ。


当時、日本は鎖国《さこく》の状況《じょうきょう》にあり、世界への門戸《もんこ》を固《かた》く閉《と》ざしていた。外国人の出入りには、つねに厳《きび》しい目が光っていた。

そのため、彼《かれ》は、自由な外出《がいしゅつ》が許《ゆる》されず、長崎《ながさき》の出島《でじま》に幽閉状態《ゆうへいじょうたい》に置《お》かれた。

しかし、彼《かれ》は、家畜《かちく》のエサとして運《はこ》ばれてくる草を観察《かんさつ》し、そこから数々《かずかず》の発見《はっけん》をなし遂《と》げていく。

江戸参府《さんぷ》の途上《とじょう》の箱根越《はこねご》えのときも、駕籠《かご》かきの労《ろう》を軽《かる》くするためとして、自《みずか》ら歩《ある》き、寸暇《すんか》を惜《お》しんで植物《しょくぶつ》を集《あつ》めた。

彼《かれ》は、のちに回想《かいそう》している。

CAROLI PETRI THVNBERG
MED. DOCT. PROF. REG. ET EXTRAORD. ACADEM.
CAES. N. C. REG. SCIENT. HOLMENS. SOCIET. LITTER.
VPSAL. PATRIOT. HOLMENS. BEROLIN. N. SCRVT.
LVNDIN. HARLEMENS. AMSTELDAM. NIDRO-
SIENS. MEMBRI

FLORA IAPONICA

SISTENS
PLANTAS
INSVLARVM IAPONICARVM
SECVNDVM
SYSTEMA SEXVALE EMENDATVM
REDACTAS
AD
XX CLASSES, ORDINES, GENERA
ET SPECIES
CVM
DIFFERENTIIS SPECIFICIS, SYNONYMIS PAVCIS,
DESCRIPTIONIBVS CONCINNIS ET
XXXIX ICONIBVS ADIECTIS.

LIPSIAE
IN BIBLIOPOLIO I. G. MVLLERIANO
1 7 8 4

ツーンベリーの「日《に》本《ほん》植《しょく》物《ぶつ》誌《し》」のタイトルのページ

「これまで何人もの植物学者《しょくぶつがくしゃ》が海外へ探検旅行《たんけんりょこう》にでかけたが、私ほど費用《ひよう》にこと欠《か》いたものはいなかった、しかし同時に、私ほど熱心《ねっしん》に探査《たんさ》したものもいなかった」（西村三郎著『リンネとその使徒たち』人文書院）

遠く離《はな》れた異国《いこく》の地で、彼《かれ》を支《ささ》えたもの——それは、師《し》・リンネとの「誓《ちか》い」であった。

ツーンベリーは、日本で採集《さいしゅう》した植物《しょくぶつ》の標本《ひょうほん》を、海の向こうの本国《ほんごく》で待《ま》つ師《し》・リンネのもとに送《おく》り届《とど》けた。

リンネは、ツーンベリーに次のように応《こた》えている。

「わたしは貴君《きくん》の帰《かえ》るまで生きていたいと切望《せつぼう》しています。貴君《きくん》の勝利《しょうり》の帰国《きこく》に会うことができ、自分の手で貴君《きくん》の頭上《ずじょう》に月桂冠《げっけいかん》を飾《かざ》ることができたら、ど

んなにうれしいことでしょう」（木村陽二郎著『日本自然誌の成立』中央公論社）
弟子《でし》の活躍《かつやく》は、師匠《ししょう》にとって最大《さいだい》の喜《よろこ》びである。〝愛《あい》する弟子《でし》に、わが手で勝利《しょうり》の月桂冠《げっけいかん》を飾《かざ》ってあげたい〟――弟子《でし》を思いやる師匠《ししょう》の心は、これほどまでに深い。

師弟《してい》ほど、強固《きょうこ》な魂《たましい》の絆《きずな》はないであろう。そして、師弟《してい》ほど崇高《すうこう》な精神《せいしん》の継承《けいしょう》もない。

私には、戸田先生がいた。厳《きび》しい恩師《おんし》であった。慈愛《じあい》に満《み》ちた先生だった。

私は戸田先生から、徹《てっ》して民衆《みんしゅう》の幸福《こうふく》に尽《つ》くしゆく精神《せいしん》を受《う》け継《つ》いだ。

今も、その先生の心は、私の胸中《きょうちゅう》に輝《かがや》いている。友を激励《げきれい》しているときも。平和のために世界を旅《たび》するときも――。

「希望の太陽」を輝《かがや》かせる努力《どりょく》

医学者《いがくしゃ》・野口英世《のぐちひでよ》

「偉《えら》い人とは」――

戸田先生は、よく青年に語《かた》っておられた。「若いときの夢《ゆめ》を生涯《しょうがい》、持《も》ち続《つづ》け、それを実現《じつげん》する人である」と。

私自身、病弱《びょうじゃく》で、戦争《せんそう》の影《かげ》が色濃《いろこ》かった少年時代にあって、二つの夢《ゆめ》を大切にしていた。「どこかに、幾千《いくせん》、幾万《いくまん》の桜《さくら》を植《う》え、多くの人々《ひとびと》の心を晴《は》れやかにしてあげたい」「無名《むめい》でもよい、一生のうちに、後世《こうせい》に残《のこ》せるような小説を書《か》きたい」と――。

かの野口英世《のぐちひでよ》（一八七六～一九二八年）も、〝苦《くる》しむ人々《ひとびと》に尽《つ》くしたい〟との若き日の希望《きぼう》に生きた。南米《なんべい》のエクアドル、中米《ちゅうべい》のメキシコ、さらにアフリカへと渡《わた》って、黄熱病《おうねつびょう》の研究《けんきゅう》に生涯《しょうがい》を捧《ささ》げた。

彼《かれ》は幼《おさな》い頃、いろりに落《お》ちて左手にやけどを負《お》う。貧《まず》しいため治療《ちりょう》が受けられず、指《ゆび》はくっつき、手先《てさき》はあたかも棒切《ぼうき》れのようになってしまった。友だちからは「てんぼう（手《て》ん棒《ぼう》）」とあざけられ、つらい少年時代を過《す》ごす。

その英世《ひでよ》を、母親《ははおや》は、厳《きび》しくも温《あたた》かく励《はげ》ました。

「いまのおまえにできることを、いっしょうけんめいやってみるんだ（中略）

左手はふじゆうだけれども、でも右の手があり、あるくこともできる。目も見える。話もできる。そしてなによりも学問《がくもん》のできるあたまがあるじゃないか」

（大石邦子著『野口英世』歴史春秋出版）

母の言葉《ことば》を胸《むね》に、彼《かれ》は、強《つよ》く生きぬいていく。

十五歳《さい》のとき、学校の先生や友だちの真心《まごころ》の応援《おうえん》で、左手の手術《しゅじゅつ》が実現《じつげん》し、見事《みごと》、成功《せいこう》した。

〝医学《いがく》とは、なんとすばらしいものか。世の中には、自分よりも、もっと苦《くる》しんでいる人がいる。将来《しょうらい》、医者《いしゃ》になって、そうした人々《ひとびと》に尽《つ》くしていきたい〟

――これが、生涯《しょうがい》を貫《つらぬ》く「夢《ゆめ》」となった。

二十歳《はたち》のとき、病院《びょういん》に勤《つと》めるが、はじめは雑誌《ざっし》の編集《へんしゅう》の仕事にまわされる。

▲ロックフェラー医学研究所《いがくけんきゅうじょ》での野口博士《のぐちはかせ》

◀上京《じょうきょう》するとき「志《こころざし》を得《え》ざれば再《ふたた》び此地《このち》を踏《ふ》まず」と柱《はしら》に刻《きざ》んだ決意文《けついぶん》

失望《しつぼう》は大きかったが、彼《かれ》はくさらなかった。得意《とくい》の語学《ごがく》を生《い》かし、外国のすぐれた医学論文《いがくろんぶん》を次々《つぎつぎ》に翻訳《ほんやく》し、雑誌《ざっし》に載《の》せた。こうした努力《どりょく》に、皆、目を見張《みは》った。

北里柴三郎博士《きたざとしばさぶろうはかせ》の研究所《けんきゅうじょ》に入ったときも、待《ま》ちうけていた仕事《しごと》は、本の整理《せいり》であった。しかし、そこでも時間を見つけては、難《むずか》しい専門書《せんもんしょ》を翻訳《ほんやく》し、出版《しゅっぱん》する。それが北里博士《きたざとはかせ》から認《みと》められ、研究者《けんきゅうしゃ》としての第一歩《だいいっぽ》を踏《ふ》み出すことができた。

人々《ひとびと》は、「野口は天才《てんさい》だ」と口々《くちぐち》にたたえた。だが、彼《かれ》は答《こた》える。

「世の中に天才《てんさい》などというものはない。天才《てんさい》は勉強《べんきょう》である、勉強《べんきょう》が天才《てんさい》なのである。普通の人よりも三倍《ばい》も四倍《ばい》も五倍《ばい》も勉強《べんきょう》すること、それが天才《てんさい》なのです」

（丹実編著『野口英世』1、講談社）
「夢《ゆめ》」は、あくまでも「夢《ゆめ》」である。徹《てっ》した努力《どりょく》で、一歩《いっぽ》また一歩《いっぽ》と「夢《ゆめ》」の実現《じつげん》へと迫《せま》っていく。そこにこそ、チャンスも開《ひら》かれる。

ドイツの詩人《しじん》シラー（一七五九〜一八〇五年）はうたった。「太陽の輝《かがや》くかぎり、希《き》望《ぼう》というものはあるのです」（『メッシーナの花嫁』相良守峯訳、岩波文庫）
いかなる朝も、太陽は、赫々《かっかく》と昇《のぼ》る。厚《あつ》い雲が空をおおっても、太陽は、燦《さん》然《ぜん》と燃焼《ねんしょう》を続《つづ》けている。
苦《くる》しいときも、「夢《ゆめ》」を手放《てばな》さない。行《ゆ》き詰《づ》まったように思えるときこそ、「希《き》望《ぼう》」を開《ひら》く努力《どりょく》を忘《わす》れない。「希《き》望《ぼう》の太陽」を、いつも心に昇《のぼ》らせよう。その「光」が、自分を輝《かがや》かせ、周囲《しゅうい》の人をも明《あか》るく照《て》らしていくのである。

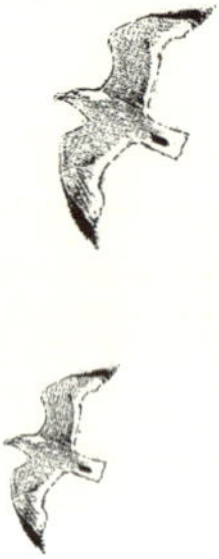

美《うつく》しく人生を彩《いろど》る「報恩《ほうおん》」の光

アイトマートフの『最初《さいしょ》の教師《きょうし》』

私の友人である、著名《ちょめい》な作家《さっか》アイトマートフ氏の若き日の小説《しょうせつ》に、『最初《さいしょ》の教《きょう》師《し》』（赤沼弘訳、第三文明社）という作品がある。氏の故郷《こきょう》、中央アジアのキルギスタンを舞台《ぶたい》にした、美《うつく》しい物語《ものがたり》である。

せせらぎの流《なが》れる、キルギスタンの高原《こうげん》のふもとに、小さな村《むら》があった。村《むら》の丘《おか》には、二本の大きなポプラの木が、まるで岬《みさき》の灯台《とうだい》のように立っていた。二本のポプラは、風に揺《ゆ》れ、梢《こずえ》と葉《は》を触《ふ》れ合わせながら、いつも優《やさ》しい音色《ねいろ》を奏《かな》でていた。

このポプラの木は、いったい、どのような人が植《う》えたのか？　その人は、どんな思いをこの木に託《たく》したのであろうか？

ロシア革命《かくめい》から七年後の一九二四年。この村《むら》に一人の青年が帰《かえ》ってくる。青年の名はジュイシェン。彼《かれ》の胸《むね》には、一つの理想《りそう》が燃《も》えていた。〝村に学校を作ろう〟――と。

ところが、青年の呼《よ》びかけは、村人《むらびと》になかなか理《り》解《かい》されなかった。彼《かれ》自身、学歴《がくれき》があったわけでもない。平凡《へいぼん》な貧《まず》しい青年であった。それだけに、よけい皆《みな》からバカにされた。

しかし、彼《かれ》は、せめて子供たちには、勉強《べんきょう》をさせてあげたかった。〝学《まな》ぶことで、新《あたら》しい世界に羽《は》ばたける〟〝すばらしい未来《みらい》を切り開《ひら》ける〟——青年は確信《かくしん》していた。そして、とうとう、自分の力で〝学校〟をつくる。その「最初《さいしょ》の教《きょう》師《し》」が、彼《かれ》であった。

学校のある丘《おか》に行くには、冷《つめ》たい川を渡《わた》らねばならない。小さな子供たちである。青年は一人を肩車《かたぐるま》し、一人を抱《だ》きかかえ、何度《なんど》も往復《おうふく》して、全員《ぜんいん》を渡《わた》らせた。そして、壁《かべ》に穴《あな》のあいた粗末《そまつ》な小屋《こや》で、一生懸命《いっしょうけんめい》に勉強《べんきょう》を教《おし》えた。

子供たちも、先生の思いに応《こた》えて、真剣《しんけん》に勉強《べんきょう》する。ノートなども十分《じゅうぶん》にないため、雪の上に小枝《こえだ》の先で字《じ》を書《か》き、練習《れんしゅう》したこともあった。

この青年教師《きょうし》の教《おし》え子に、アルティナイという名の乙女《おとめ》がいた。彼女《かのじょ》は幼《おさな》くして両親《りょうしん》をなくし、意地《いじ》の悪《わる》い叔父《おじ》夫婦《ふうふ》のもとで、いじめられていた。

そんな彼女《かのじょ》を励《はげ》まそうと、あるとき、青年教師《きょうし》は、学校の丘《おか》に二本のポプラの木を植《う》える。彼《かれ》は乙女《おとめ》に語《かた》った。

「先生と二人《ふたり》でこの若木《わかぎ》を植《う》えよう。このポプラの木が大きくなって、力をたくわえてゆくあいだに、おまえも大きくなり、いい人間になるんだよ。おまえは気《き》だてがいいし、頭もいい、勉強《べんきょう》もよくする。先生にはいつも、おまえが学《がく》問《もん》の人間になると思われるんだ。そしてそれを信じている。きっとそうなるよ」

（前掲書）

その後《ご》、一度は奴隷《どれい》のような境遇《きょうぐう》におちいったアルティナイを、青年教師《きょうし》は、命《いのち》をかけて助《たす》け出す。そして彼女《かのじょ》は、大都会《だいとかい》の学校に進学《しんがく》できた。

時はめぐり、その乙女《おとめ》は、今や著名《ちょめい》な大学者《だいがくしゃ》となって、故郷《こきょう》を訪《おとず》れる。村《むら》に新《あたら》しい立派《りっぱ》な学校ができ、その晴《は》れやかな開校式《かいこうしき》に、来賓《らいひん》として招《まね》かれたのである。あの丘《おか》の二本のポプラも、今では、見事《みごと》な大樹《たいじゅ》と育《そだ》ち、彼女《かのじょ》を迎《むか》えてくれた。

あの「最初《さいしょ》の教師《きょうし》」は、いま、どうしているだろう？　戦争《せんそう》もあって、二人《ふたり》は一度も再会《さいかい》の機会《きかい》がなかった。

開校式《かいこうしき》が終《お》わるころ、祝電《しゅくでん》を届《とど》けにきた郵便配達《ゆうびんはいたつ》の老人《ろうじん》がいた。彼《かれ》は、卒業《そつぎょう》生《せい》たちからの真心《まごころ》の祝電《しゅくでん》を、なんとか式典《しきてん》に間《ま》に合うようにと、一生懸命《いっしょうけんめい》、馬を走《はし》らせてきたのである。その年老《としお》いた、まじめな配達員《はいたついん》こそ、かつての「青年

◀創価《そうか》大学《だいがく》でアイトマートフ氏（左）にキャンパスを紹介《しょうかい》する著者《ちょしゃ》

▼アイトマートフ氏の故郷《こきょう》、キルギスタンの自然風景《しぜんふうけい》

教師《きょうし》」その人だった。

村《むら》の人々《ひとびと》は、学校を作《つ》ってくれた恩《おん》を忘《わす》れ、すっかり年老《としお》いたジュイシェンをあざけり、小馬鹿《こばか》にさえしていた。

彼女《かのじょ》は問《と》いかける。「平凡《へいぼん》な人間を心から尊敬《そんけい》する能力《のうりょく》を、私たちはいつ失《うしな》ってしまったのでしょうか」(同)と。

そして彼女《かのじょ》は、新《あたら》しい学校を、自分の恩師《おんし》であり、村の隠《かく》れた恩人《おんじん》である「最《さい》初《しょ》の教師《きょうし》」の名前をとって、「ジュイシェンの学校」とするよう提案《ていあん》する。

こうして、二本のポプラの木から始《はじ》まった物語《ものがたり》は、恩師《おんし》をたたえる彼女《かのじょ》の呼《よ》びかけで、結《むす》ばれるのである。

かつて、私が対談《たいだん》したイギリスの歴史《れきし》学者トインビー博士《はかせ》も、「一流の人間は、恩《おん》を絶対《ぜつたい》に裏切《うらぎ》らない。私もそうしてきました」と語《かた》っておられた。

「恩《おん》」を忘《わす》れない人は、すがすがしい。その豊《ゆた》かな「心」が、何よりも、自分の人生を豊《ゆた》かにする。

逆《ぎやく》に、「恩《おん》」に気づかない人、「恩《おん》」を知らない人もいる。「恩《おん》」を仇《あだ》で返《かえ》す人さえいる。そういう人は、自分で自分を貧《まず》しくしてしまうようなものだ。いずれ、だれからも相手《あいて》にされなくなってしまうにちがいない。

「恩《おん》」を知ること、感謝《かんしや》の心を大切《たいせつ》にすること――そこにこそ、最《もつと》も尊《とうと》い「人間性の輝《かがや》き」があるのではないだろうか。

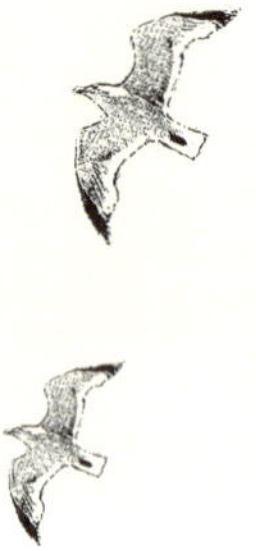

「精神《せいしん》の宇宙《うちゅう》」を自在《じざい》に広げよう

アインシュタイン博士《はかせ》

二十世紀《せいき》を、もっとも「自由」に生きた人はだれか？　当然《とうぜん》、さまざまな見方《みかた》ができるが、その一人として、アインシュタイン博士《はかせ》（一八七九～一九五五年）をあげることができるだろう。

アインシュタイン博士《はかせ》は、一九二二年の秋《あき》、初《はじ》めて日本を訪《おとず》れた。

日本での初講演《はつこうえん》には、若き日の戸田先生（当時二十二歳《さい》）が、牧口《まきぐち》先生（牧口常三《まきぐちつねさぶ》郎《ろう》・創価学会初代会長、当時五十一歳《さい》）と共《とも》に出席《しゅっせき》されている。

戸田先生は、この希代《きだい》の物理学者《ぶつりがくしゃ》の講演《こうえん》にめぐりあえたことを、生涯《しょうがい》の誇《ほこ》りとされ、懐《なつ》かしそうによく語《かた》っておられた。


博士《はかせ》の青春時代――それは決《けっ》して、順風満帆《じゅんぷうまんぱん》ではなかった。十六歳《さい》で学校から退学《たいがく》を命《めい》ぜられ、大学入試《にゅうし》にも失敗《しっぱい》している。

しかし後《のち》に、回想《かいそう》している。

他《た》の人の歩《あゆ》みとは違《ちが》っていても、むしろ自分らしく、じっくりと思索《しさく》を深めたがゆえに、あの『相対性理論《そうたいせいりろん》』を生《う》み出せたのです――と。

高校もうまくいかなかった。入試《にゅうし》もうまくいかなかった。しかし、博士《はかせ》は「自分らしく」「じっくりと」学《まな》び続《つづ》けた。だからこそ、やがて、はるか勝利《しょうり》の頂《いただき》に立って、〝皆《みな》と同じでなかったからこそ、自分は深まったのだ〟と言い切《き》れたのである。

アインシュタイン博士《はかせ》が心に刻《きざ》んでいた、ユダヤの諺《ことわざ》にこうある。

「現在《げんざい》とは、どういう時か。それは常《つね》に新しく出発《しゅっぱつ》できる時である」

〝今日《きょう》が出発《しゅっぱつ》だ〟〝いよいよこれからだ〟と学《まな》び続《つづ》ける人は、生き生きと輝《かがや》く。向上《こうじょう》しゆく生命は、たゆみなく流《なが》れる水のように、つねに新《あたら》しく、清《きよ》らかである。

また、博士《はかせ》は、ユダヤ人ということで、ナチスの独裁者《どくさいしゃ》ヒトラーから、理不《りふ》尽《じん》な迫害《はくがい》を受《う》ける。国籍《こくせき》を奪《うば》われ、財産《ざいさん》を盗《ぬす》まれ、自身の著作《ちょさく》は発禁《はっきん》のリスト

1922年来日《らいにち》した折《おり》のアインシュタイン博士《はかせ》（右から２人目、博多駅《はかたえき》で）
（桑木務氏所有。西日本新聞社提供）

にあげられた。最愛《さいあい》の両親《りょうしん》までも殺《ころ》された。
私と対談《たいだん》したトインビー博士《はかせ》は、アインシュタイン博士《はかせ》について次のような
エピソードを紹介《しょうかい》している。
アインシュタイン博士《はかせ》が、独裁者《どくさいしゃ》ヒトラーによって追放《ついほう》され、一時、イギリ
スに亡命《ぼうめい》していたときのことである。
トインビー博士《はかせ》の知人《ちじん》の教授《きょうじゅ》が、アインシュタイン博士《はかせ》を見かけた。博士《はかせ》は、
遠《とお》くを見るような眼差《まなざ》しで座《すわ》っていた。その表情《ひょうじょう》は晴《は》れ晴《ば》れとし、幸福《こうふく》そうな
笑《え》みさえ、たたえていた。
〝これがいったい、極悪《ごくあく》のナチスに迫害《はくがい》され、追放《ついほう》された亡命者《ぼうめいしゃ》の姿《すがた》であろう
か〟と言いたいくらい、余裕《よゆう》に満《み》ちていた。
そこで、その教授《きょうじゅ》は質問《しつもん》する。

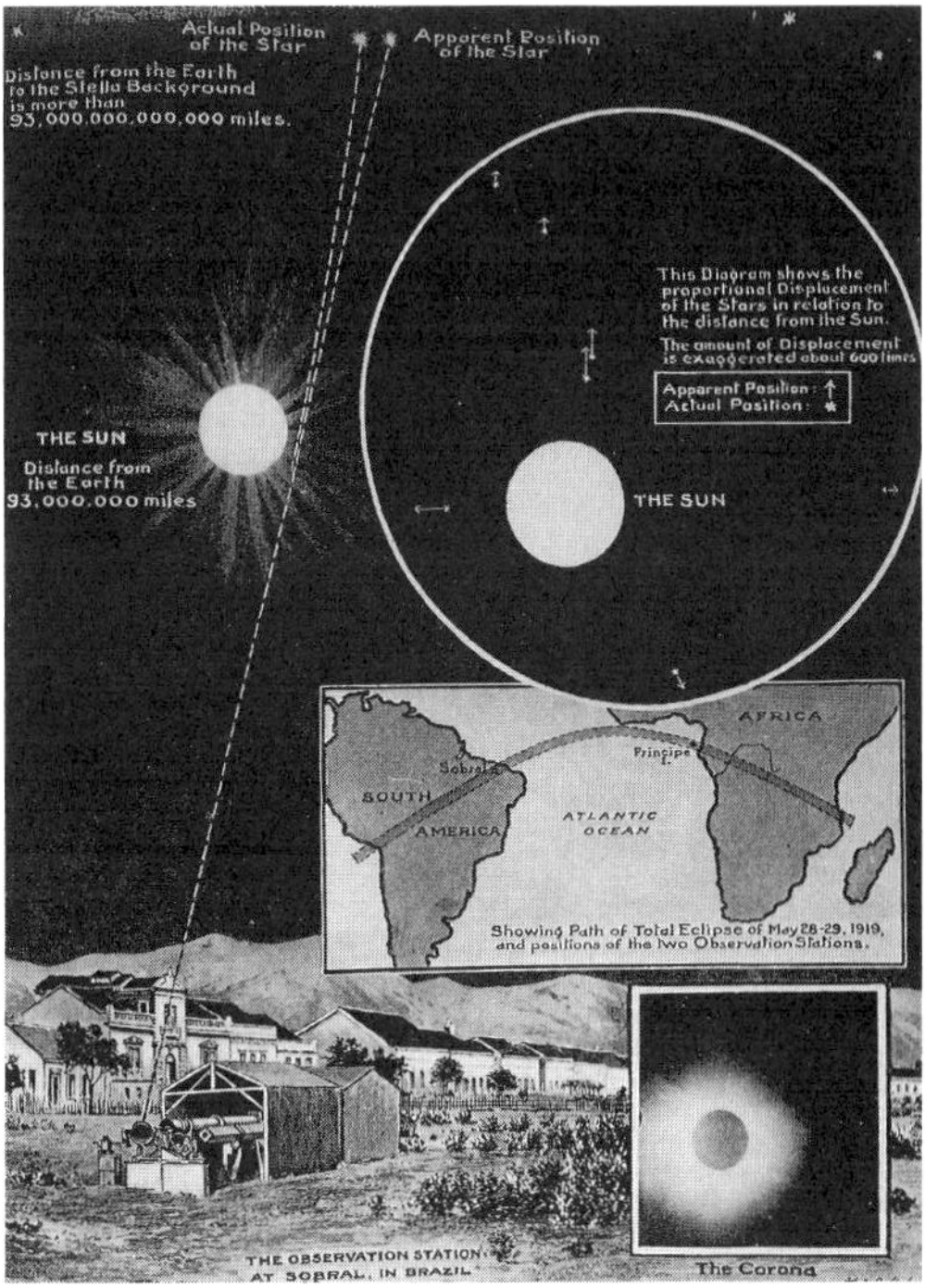

アインシュタインの相対性理論《そうたいせいりろん》を表《あらわ》した図《ず》

「アインシュタイン博士《はかせ》、何を考《かんが》えていらっしゃるのか、教《おし》えて下さい」

アインシュタイン博士《はかせ》は答《こた》えた。

「私が考《かんが》えているのは、この地球《ちきゆう》は、要《よう》するに、きわめて小さい星にすぎない、ということです」(A・J・トインビー著『交遊録』長谷川松治訳、オックスフォード大学出版局)

と。

大宇宙《だいうちゆう》は、果《は》てしなく広がっている。ヒトラーがいかに強大《きようだい》な権力《けんりよく》を握《にぎ》ろうと、〝ちっぽけな地球《ちきゆう》〟の、なかでもとりわけ〝ちっぽけな人間〟にすぎないではないか——。博士《はかせ》は、宇宙《うちゆう》から地球《ちきゆう》を見おろすような境涯《きようがい》で、悠然《ゆうぜん》と戦《たたか》ったのである。


「心」は宇宙大《うちゆうだい》の広がりを持《も》っている。だから、萎縮《いしゆく》したり、卑屈《ひくつ》になっては、損《そん》である。何があろうと、「心の世界」を自由自在《じざい》に広げていきたい。悩《なや》みを見おろしていく「余裕《よゆう》」も、苦難《くなん》をはねかえす「強《つよ》さ」も、かぎりない「希望《きぼう》」も、すべて、自分自身の「心」にあるのだから――。

「感謝《かんしゃ》」の人は「真心《まごころ》」の人

アメリカ・ウィルソン大統領《だいとうりょう》

私の母は、おとなしい、平凡《へいぼん》な女性であった。しかし、「人さまに迷惑《めいわく》をかけてはいけない」「ウソをついてはいけない」と、良識《りょうしき》に反《はん》することには、まことに厳《きび》しい人であった。

この母の、忘《わす》れられない思い出がある。

戦争中《せんそうちゅう》、強制疎開《きょうせいそかい》で、親類宅《しんるいたく》の隣《となり》に移《うつ》り住んで間《ま》もなく、空襲《くうしゅう》で家が全焼《ぜんしょう》してしまった。私たちは必死《ひっし》の思いで、大切なものが入っていそうな、古《ふる》めかしい大きな箱《はこ》を一つ、取《と》り出した。翌朝《よくあさ》、騒《さわ》ぎがおさまって箱《はこ》を開《あ》けてみると、そこに入っていたのは、なんと〝ひな人形《にんぎょう》〟であった。

私はがっかりした。家族《かぞく》の失望《しつぼう》も大きかった。家財道具《かざいどうぐ》は、一切《いっさい》、灰《はい》となっている。その重苦《おもくる》しい空気を吹《ふ》き飛《と》ばすかのように、母は言った。

「よかった。よかった。このおひなさまを飾《かざ》れる家《いえ》が、早く見つかるといいね。きっと見つかるよ」

この母の一言《ひとこと》で、焼《や》け野《の》原《はら》に、明るい笑《わら》い声《ごえ》がはじけたのだった。

ニューヨークの「自由の女神《めがみ》」像《ぞう》の作者といえば、有名な彫刻家《ちょうこくか》バルトルディ（一八三四〜一九〇四年）である。

この像《ぞう》は、アメリカ独立百周年《どくりつしゅうねん》（一八七五年）を祝賀《しゅくが》して、フランスの民衆《みんしゅう》から友情《ゆうじょう》を込《こ》めて贈《おく》られた。フランスには、「自由の女神《めがみ》」の模像《もぞう》が、セーヌ川の橋《はし》のほとりに立っており、私もパリを訪《おとず》れた際《さい》、目にしたことがある。「自由の女神《めがみ》」像《ぞう》の顔《かお》をどうするのか――当時、人々《ひとびと》の関心《かんしん》は、そこにそそがれていた。

彼《かれ》が選《えら》んだモデルは――〝自分のお母さん〟であった。

バルトルディの母親《ははおや》は、早く夫《おっと》に先立《さきだ》たれ、女手《おんなで》一つで子どもたちを育《そだ》て上げた。

苦労《くろう》をして、自分を育《そだ》ててくれた母。その母への感謝《かんしゃ》を、彼《かれ》は生涯《しょうがい》、忘《わす》れなかった。「必《かなら》ず何かで、母をたたえたい」と、願《ねが》い続《つづ》けていたのである。

パリのチュイルリー公園《こうえん》に建《た》つ“自由《じゆう》の女神《めがみ》”原型《げんけい》

もう一つ、「母」にまつわる、美《うつく》しい話を紹介《しょうかい》したい。

アメリカの名門校《めいもんこう》プリンストン大学での、ある年の卒業式《そつぎょうしき》のこと。最優秀《さいゆうしゅう》の学生を表彰《ひょうしょう》する、恒例《こうれい》の行事《ぎょうじ》が始《はじ》まった。

「わが校の誇《ほこ》りである卒業生《そつぎょうせい》を紹介《しょうかい》します」と、学長《がくちょう》の威厳《いげん》ある声が場内《じょうない》に響《ひび》きわたると、一人《ひとり》の青年が、さっそうと壇上《だんじょう》に進《すす》んだ。拍手《はくしゅ》を受けて、青年は静《しず》かにあいさつをする。ところが、続《つづ》いて、彼《かれ》はこう語《かた》った。

「この栄誉《えいよ》は、私が受《う》けるべき栄誉《えいよ》ではありません。これは、すべて私の母が受《う》けるべきものです。なぜなら、私が今、こうしていられるのも、ことごとく、母の労苦《ろうく》のたまものだからです」

青年はこう言うと、壇上《だんじょう》を降《お》り、父母席《ふぼせき》にいる母の手をとって、助《たす》けるように起《お》こし、皆《みな》に紹介《しょうかい》した。その瞬間《しゅんかん》、たちまちに割《わ》れんばかりの拍手《はくしゅ》の渦《うず》が起《お》

ニューヨーク州《しゅう》シラキューズで演説《えんぜつ》するウィルソン大統領《だいとうりよう》(1913年)

こった。まさに、名画《めいが》を見るような光景《こうけい》である。

この青年こそ、のちに同《どう》大学の学長《がくちょう》となり、さらにアメリカの大統領《だいとうりょう》（第二十八代）となったウッドロー・ウィルソン（一八五六～一九二四年）、その人である。

彼《かれ》の大統領《だいとうりょう》の在職期間《ざいしょくきかん》は、一九一三年から二一年。第一次《だいいちじ》世《せ》界大戦《かいたいせん》をはさむ激動《げきどう》の時代である。「国際連盟《こくさいれんめい》」を提唱《ていしょう》し、〝平和の大統領《だいとうりょう》〟として、歴史《れきし》に燦《さん》然《ぜん》と名をとどめている。

彼《かれ》の平和行動《こうどう》の基《き》盤《ばん》は、「母の恩《おん》」を忘《わす》れないという、深い「人間性」にあったと私は思う。

親孝行《おやこうこう》といっても、むずかしく考える必要はない。

仏典《ぶってん》にも、「親《おや》に良いものをあげようと思っても何もできない時には、せめて一日に二、三度でいいから、笑顔《えがお》を見せてあげなさい」という言葉《ことば》がある。
そういう真心《まごころ》のプレゼントができる皆さんであっていただきたい。

チャレンジ精神《せいしん》で「人生の金メダル」

ザトペック選手《せんしゅ》の記録《きろく》への挑戦《ちょうせん》

陸上競技《りくじょうきょうぎ》には、かつて、「一マイル（約一・六キロ）四分《よんぷん》」という「壁《かべ》」があった。どんな一流選手《いちりゅうせんしゅ》が挑《いど》んでも、破《やぶ》れない。これが「人類《じんるい》の限界《げんかい》」とさえ考《かんが》えられていた。

しかし、一九四〇年代、ついにイギリスのバニスター選手《せんしゅ》が、この「鉄壁《てっぺき》」を突破《とっぱ》する。不思議《ふしぎ》なことに、一人が「壁《かべ》」を破《やぶ》ると、相次《あいつ》いで、三分台《さんぷんだい》で走《はし》るランナーが現《あらわ》れた。

〝四分《よんぷん》の壁《かべ》は破《やぶ》れない〟との「常識《じょうしき》」。この「常識《じょうしき》」が、人々《ひとびと》の心を支配《しはい》し、「力」を閉《と》じ込《こ》めていたのである。これが先入観《せんにゅうかん》の恐《おそ》ろしさでもある。

「人間機関車《にんげんきかんしゃ》」とよばれた、旧《きゅう》チェコスロバキアの陸上選手《りくじょうせんしゅ》ザトペック。彼《かれ》の別名《べつめい》は「世界記録破《せかいきろくやぶ》り」であった。一九四九年から五五年にかけて、五千メートルから三万メートルまで、公認《こうにん》されていた世界記録《せかいきろく》を、すべてぬりかえた。

それは、一万メートル、二万メートル、一時間走行距離《そうこうきょり》、六マイル、十マイル、十五マイル、二万五千メートル、三万メートルと、全競技《ぜんきょうぎ》にわたった。

また、ヘルシンキ・オリンピック（一九五二年）では、なんと、五千メートル、一万メートル、マラソンと、三種目《さんしゅもく》で金メダルに輝《かがや》いた。

このとき、彼《かれ》は言った。「やりとげると決心《けっしん》していたことをやりとげることができて、ほんとうにうれしい」（F・R・コジック著『ザトペック』南井慶二訳、朝日新聞社）と。

彼《かれ》には、勝《か》つ自信《じしん》があった。それは、なぜか？

〝世界中《せかいじゅう》で僕《ぼく》より練習《れんしゅう》している人間はいない〟との強《つよ》い確信《かくしん》があったからである。

〝他人《たにん》と同じことをやっていては、他人《たにん》を抜《ぬ》くことはできない〟。これが、彼《かれ》の口ぐせであった。

世界《せかい》一の猛練習《もうれんしゅう》――勝負《しょうぶ》は、すでに決《けっ》していたのである。

ザトペックは、十代《だい》のころから、靴《くつ》の工場《こうじょう》に勤《つと》めていた。その行き帰《かえ》りも、

1952年ヘルシンキ・オリンピックの1万《まん》メートル競走《きょうそう》で
新記録《しんきろく》を出《だ》すザトペック選手《せんしゅ》（左）

彼《かれ》は工夫《くふう》して練習《れんしゅう》に費《つい》やした。

息《いき》をもたせるために、ポプラ並木《なみき》にそって歩《ある》きながら、一日目は、四本目まで息《いき》を止《と》めた。翌日《よくじつ》も同じ。三日目からは、五本目まで息《いき》を止《と》める。これを、どんどん延《の》ばしていった。最後《さいご》のポプラまで来たとき、彼《かれ》は気を失《うしな》って倒《たお》れたという。(同、参照)

鍛錬《たんれん》といっても、なにも特別《とくべつ》なことばかりではない。大切なことは、今いる場所《ばしょ》で、ベストを尽《つ》くすことである。

ザトペックは、仲間《なかま》から〝彼《かれ》は走《はし》りすぎる〟〝もういいかげんにしろよ!〟と言われるほど、走《はし》って走《はし》って走《はし》りぬいた。

人生の価値《かち》は、ある意味《いみ》で、「記録《きろく》への挑戦《ちょうせん》」から生まれるといえる。先人《せんじん》の記録《きろく》をどう破《やぶ》るか。自己《じこ》の最高記録《さいこうきろく》をどう更新《こうしん》するか。「もうこれぐらいでいいだろう」との安易《あんい》な妥協《だきょう》は、中途半端《ちゅうとはんぱ》な結果《けっか》しか生まないものだ。

世界は広い。「上には上が必《かなら》ずいる」「自分よりもっと真剣《しんけん》な人がいる」——これが、一流の人の心構《こころがま》えである。

目標《もくひょう》に向《む》かって、日々《ひび》、挑戦《ちょうせん》の歴史《れきし》を刻《きざ》んでいきたい。その人の胸《むね》にこそ〝人生の金メダル〟は輝《かがや》く。

幸福《こうふく》の「宮殿《きゆうでん》」の王女に

少女アンネ・フランクの勇気《ゆうき》

皆《みな》さんは「ホロコースト」という言葉《ことば》を聞《き》いたことがあるだろうか。第二次《だいにじ》世界大戦中《せかいたいせんちゅう》、ナチスによって行《おこな》われた、ユダヤ人などの大量虐殺《たいりょうぎゃくさつ》のことである。犠牲者《ぎせいしゃ》は、一説《いっせつ》では、約六百万人ともいわれる。〝人類史上最大《じんるいしじょうさいだい》の悲劇《ひげき》〟というべき、狂気《きょうき》の歴史《れきし》である。

一九九四年、創価大学などの主催《しゅさい》によって、「勇気《ゆうき》の証言《しょうげん》――アンネ・フランクとホロコースト」展《てん》が、全国各地《かくち》で開《ひら》かれた。

展示《てんじ》された写真《しゃしん》パネルは、赤ちゃんを抱《だ》いた婦人《ふじん》の背後《はいご》から銃口《じゅうこう》を突《つ》きつけている兵士《へいし》、ガス室《しつ》へと追いやられる母と子、ブルドーザーで死体《したい》の処理《しょり》をしている様子《ようす》など、この世のものとは思えない光景《こうけい》を、私たちに伝《つた》えている。

開催《かいさい》に尽力《じんりょく》してくださった、アメリカの人権保護団体《じんけんほごだんたい》「サイモン・ウィーゼンタール・センター」のクーパー副館長《ふくかんちょう》は、「明るく光り輝《かがや》く、善《ぜん》なる人生を生きるためには、人類《じんるい》の闇《やみ》の部分《ぶぶん》をも知《し》らねばなりません。そのもっとも暗《くら》い部《ぶ》分《ぶん》が、ナチスによる迫害《はくがい》の歴史《れきし》です」と、一言一言《ひとことひとこと》、かみしめるように話《はな》しておられた。

『アンネの日記』で有名《ゆうめい》な少女、アンネ・フランク（一九二九～四五年）。彼女《かのじょ》もまた、尊《とうと》い命を奪《うば》われたユダヤ人の一人である。わずか、十五歳《さい》という若さであった。
展示《てんじ》では、アンネと姉《あね》のマルゴットが、アメリカの友だちにあてた手紙《てがみ》が世界で初公開《はつこうかい》された。手紙《てがみ》には、家族《かぞく》のこと、相手への質問《しつもん》などが楽《たの》しそうにつづってある。しかし、その返事《へんじ》がアンネのもとに届《とど》くことは、とうとう、なかった——。

アンネの一家《いっか》は、ナチスの魔《ま》の手を逃《のが》れるため、二年以上もの間、オランダの首都《しゅと》アムステルダムの小さな息苦《いきぐる》しい隠《かく》れ家《が》で生活《せいかつ》した。いつ見つかるか、わからない。見つかれば連行《れんこう》され、殺《ころ》される。たえずつきまとう恐怖《きょうふ》——。

アンネの一家《いっか》がナチスの魔《ま》の手《て》を逃《のが》れるため
生活《せいかつ》していた隠《かく》れ家《が》

学校には行きたくても行けない。自由に外も歩《ある》けない。アンネは、向学心《こうがくしん》が人一倍《ひといちばい》、旺盛《おうせい》であった。また行動的《こうどうてき》であった。そんな彼女《かのじょ》にとって、どんなにつらい日々《ひび》であったろうか。

しかし、彼女《かのじょ》は日記《にっき》に書《か》いている。

「この日光《にっこう》、この晴《は》れた空、これらがなくならないうちは、わたしはけっして不幸《ふこう》にはならない」

「身《み》の不幸《ふこう》を嘆《なげ》こうとは思いません。それどころか、その反対に、雄々《おお》しく生きたいと願《ねが》っているのです」（『アンネの日記』深町眞理子訳、文春文庫）

苦難《くなん》の嵐《あらし》の中でも、アンネの心は晴《は》れていた。未来への希望《きぼう》を、決《けっ》して失《うしな》わなかった。彼女《かのじょ》は、新聞記者《しんぶんきしゃ》になる夢《ゆめ》を持《も》ち、童話《どうわ》を創作《そうさく》したりした。勉強《べんきょう》も一生懸命《いっしょうけんめい》、続《つづ》けていく。

◀アンネ・フランク

▼赤《あか》ちゃんを抱《だ》いた婦人《ふじん》の背後《はいご》から
銃口《じゅうこう》を突《つ》きつけている兵士《へいし》
(サイモン・ウィーゼンタール・センター提供)

避難生活《ひなんせいかつ》が長くなるにつれて、しだいに不満《ふまん》をつのらせ、ため息《いき》ばかりをつく大人《おとな》たちにも、アンネは左右《さゆう》されない。
「悪《わる》くなるのも良くなるのも、人の心の持《も》ちようしだい。(中略)みんな、自分の気分《きぶん》を克服《こくふく》することを学《まな》ぶべきです。(中略)わたしには、勉強《べんきょう》があります。希望《きぼう》があります。愛《あい》が、勇気《ゆうき》があります」(同)――と、愚痴《ぐち》もなく、不満《ふまん》もなく、彼女《かのじょ》らしい〝創造《そうぞう》の輝《かがや》き〟で、毎日を光らせていったのである。

どんな人も、心の中に、きらめく「宮殿《きゅうでん》」をもっている。それは、〝希望《きぼう》〟であり〝理想《りそう》〟であり、〝使命《しめい》〟である。この「宮殿《きゅうでん》」を、自分らしく輝《かがや》かせていける人こそ、幸福《こうふく》である。

戦争《せんそう》は彼女《かのじょ》の命を奪《うば》った。しかし、〝私は決《けっ》して負《ま》けない〟と、アンネが誇《ほこ》り高《たか》く生きた一日一日は、「人間の尊厳《そんげん》」を高らかに示《しめ》しながら、今なお、世界の人々《ひとびと》の心に生き続《つづ》けている。

「理想《りそう》」の空に〝希望《きぼう》の虹《にじ》〟

ネルソン・マンデラ南アフリカ大統領《だいとうりょう》

〝健康《けんこう》は大丈夫《だいじょうぶ》であろうか〟――お会《あ》いするまで、内心《ないしん》ひそかに案《あん》じていた。

獄中《ごくちゅう》にあること、実に一万日（二十七年半）。南アフリカの地で、アパルトヘイト（人種隔離《じんしゅかくり》政策《せいさく》）と徹《てっ》して戦《たたか》った不屈《ふくつ》の勇者《ゆうしゃ》である。その人の名は、ネルソン・マンデラ。

やわらかな陽光《ようこう》のなか、氏を聖教新聞社《せいきょうしんぶんしゃ》に迎《むか》えたのは、一九九〇年の秋《あき》である。「ビバ！　マンデラ！」——青年たちのにぎやかな歓呼《かんこ》に包《つつ》まれて、車から降《お》り立った長身《ちょうしん》の氏は、意外《いがい》なほど穏《おだ》やかな紳士《しんし》であった。あたかも、深《ふか》い川が静《しず》かに流《なが》れ、大樹《たいじゅ》が枝《えだ》を鳴《な》らさぬかのように——。

お元気な様子《ようす》であった。しわが深《ふか》く刻《きざ》まれた顔は、しかし、若々《わかわか》しく輝《かがや》いていて、〝戦《たたか》いは、まだまだ始《はじ》まったばかり〟との、烈々《れつれつ》たる信念《しんねん》を伝《つた》えていた。

さっそうとした振《ふ》る舞《ま》いに、氏の五体《ごたい》にみなぎる気迫《きはく》を実感《じっかん》した。

マンデラ氏は、出獄《しゅつごく》（九〇年二月）以来《いらい》、反《はん》アパルトヘイトの支援《しえん》を訴《うった》えて、アフリカはもちろん、ヨーロッパ、アメリカなど、約三十カ国を歴訪《れきほう》していた。釈放《しゃくほう》の日より、ただちに闘争《とうそう》を再開《さいかい》したのである。勝利《しょうり》の余韻《よいん》など、まるで感《かん》じさせない。彼《かれ》は、アパルトヘイトに抵抗《ていこう》し死《し》んでいった同志《どうし》の悲《かな》しみ、そして、今なお生活を破壊《はかい》されている人々《ひとびと》、未来を奪《うば》われている子供たちの悲痛《ひつう》な心の叫《さけ》びを、片時《かたとき》も忘《わす》れることはなかった。

氏の獄中闘争《ごくちゅうとうそう》は熾烈《しれつ》であった。

「一時間が一年のようでした」――氏は、そう述懐《じゅつかい》している。その牢獄《ろうごく》さえも、〝マンデラ大学〟ともいうべき学習《がくしゅう》の場《ば》に変《か》えていった。囚《とら》われの人々《ひとびと》が、それぞれの専門知《せんもんち》識《しき》や技術《ぎじゅつ》を互《たが》いに教《おし》えあう環境《かんきょう》をつくったのである。氏自身《じしん》、獄《ごく》中《ちゅう》にありながら、ロンドンの大学の通信教育《つうしんきょういく》で、法学《ほうがく》と経済学《けいざいがく》の研鑽《けんさん》を続《つづ》けたという。

私も、無実《むじつ》の罪《つみ》で、牢獄《ろうごく》に捕《と》らわれたことがある。牢《ろう》の中が、どれほど精神《せいしん》

ネルソン・マンデラ氏（左）と会談《かいだん》する著者《ちよしや》

の自由を奪《うば》うか。そこで正義《せいぎ》を貫《つらぬ》くことが、いかにむずかしいか。私は身にしみて知っているつもりである。

釈放直後《しゃくほうちょくご》の氏の演説《えんぜつ》は、あまりにも有名《ゆうめい》である。

「私は、白人支配《しはい》ともずっと戦《たたか》ってきた。黒人支配《こくじんしはい》ともずっと戦《たたか》ってきた。私は、すべての人々《ひとびと》が、ともに仲良《なかよ》く、平等《びょうどう》な機会《きかい》を持《も》って、ともに暮《く》らすことのできる民主的《みんしゅてき》で自由な社会《しゃかい》という理想《りそう》を、心にいだいてきた」

マンデラ氏を動《うご》かしているのは、白人への憎悪《ぞうお》ではない。それは、「人間」へのかぎりない慈愛《じあい》であった。黒人《こくじん》が、白人に取《と》って代《か》わろうというのでなく、だれもが平等《びょうどう》に生きる社会《しゃかい》こそ、氏の「理想《りそう》」であった。

この「理想《りそう》」は、氏が「そのために生き、実現《じつげん》させたいと願《ねが》っている理想《りそう》」

1994年マンデラ氏が南《みなみ》アフリカの大統領《だいとうりょう》に就任《しゅうにん》

であり、「もし、必要《ひつよう》ならば、死も辞《じ》さないと思っている理想《りそう》」であった。

ひとたび決めた我《わ》が「理想《りそう》」に、断《だん》じて生ききっていく。その実現《じつげん》に向かって懸命《けんめい》に挑戦《ちょうせん》しぬいていく。その人こそ、勇者《ゆうしゃ》である。

「理想《りそう》」なき人生は、わびしい。「人間と動物《どうぶつ》の違《ちが》いは、理想《りそう》を持《も》っているかどうかにある」と言った人もいる。

たとえ現在《げんざい》の見通《みとお》しが絶望的《ぜつぼうてき》であっても、決して悲観《ひかん》する必要《ひつよう》はない。〝理想《りそう》の峰《みね》に必《かなら》ず到達《とうたつ》してみせる〟との強《つよ》い確信《かくしん》を持《も》って、人間の持《も》つ可能性《かのうせい》を信じ、行動を続《つづ》けていくことだ。そうするかぎり、「理想《りそう》」もまた輝《かがや》き続《つづ》ける。

一九九四年、南アフリカに、待望《たいぼう》の「自由」の春が訪《おとず》れた。アパルトヘイトが撤廃《てっぱい》され、全人種《ぜんじんしゅ》が参加《さんか》しての選挙《せんきょ》の結果、マンデラ氏が、新生《しんせい》・南アフリカの大統領《だいとうりょう》に就任《しゅうにん》したのである。歴史的《れきしてき》な出発《しゅっぱつ》となった、大統領就任《だいとうりょうしゅうにん》のスピーチで、氏は国民に呼《よ》びかけた。

〝あらゆる人々《ひとびと》が平等《びょうどう》に、平和に、そして尊厳《そんげん》を持《も》って生きる「虹《にじ》の国」を建設《けんせつ》しよう〟と。

雨あがりの虹《にじ》は、青空《あおぞら》に映《は》え、美《うつく》しく荘厳《そうごん》である。南アフリカの天地《てんち》に、すべての人々《ひとびと》を生き生きと照《て》らす、「希望《きぼう》の虹《にじ》」が輝《かがや》きわたることを、私は心より祈《いの》りたい。

大いなる創造《そうぞう》へ、遥《はる》かなる高みへ

芸術《げいじゅつ》の巨匠《きょしょう》ルーベンス

十七世紀のフランドル絵画《かいが》の巨匠《きょしょう》として、まず思い浮《う》かぶのは、ルーベンス（一五七七～一六四〇年）であろう。生涯《しょうがい》、みずみずしい生命《せいめい》の力をみなぎらせ、大いなる創造《そうぞう》へ、はつらつと歩《あゆ》み続《つづ》けた「天才《てんさい》」ルーベンス――。そんな彼《かれ》も、若くして名声《めいせい》を極《きわ》めたわけではない。彼《かれ》は、二十代《だい》のとき、「芸術《げいじゅつ》と学問《がくもん》の都《みやこ》」ローマで、名作をたんねんに描《えが》き写《うつ》しながら、地道《じみち》な研鑽《けんさん》を続《つづ》け、基本的《きほんてき》な技法《ぎほう》を一つ一つ身につけている。三十代《だい》は、その土台《どだい》のうえに、独自《どくじ》の揺《ゆ》るぎない作風《さくふう》を確立《かくりつ》した。そして、四十代《だい》の円熟期《えんじゅくき》には、壮麗《そうれい》な作品を次々《つぎつぎ》と手がけていった。

彼《かれ》は、常《つね》に向上への努力《どりょく》を忘《わす》れず、最晩年《さいばんねん》にいたるまで、画境《がきょう》を開《ひら》き続《つづ》けた。精進《しょうじん》を続《つづ》けることによって、持《も》てる才能《さいのう》を存分《ぞんぶん》に開花《かいか》させていったのである。

また、ルーベンスは、外交使節《がいこうしせつ》としても、幅広《はばひろ》い足跡《そくせき》を残《のこ》した。その活躍《かつやく》が頂点《ちょうてん》に達《たつ》するのは、五十歳《さい》前後の頃《ころ》である。

当時、ヨーロッパは、「三十年戦争《せんそう》」(一六一八〜四八年の三十年間続《つづ》いた、ドイツを舞《ぶ》台《たい》とした宗教戦争《しゅうきょうせんそう》)の渦中《かちゅう》にあり、社会《しゃかい》は荒廃《こうはい》しきっていた。

しかし、ルーベンスには、確固《かっこ》とした信念《しんねん》があった。「私たちの生きている時代《じだい》が鉄の時代《じだい》でなく黄金の時代《じだい》であることを心から願っているのです」(『朝日百科・世界の美術』朝日新聞社)。彼は平和を願《ねが》い、ヨーロッパを奔走《ほんそう》し、イギリスとスペインの和平《わへい》の実現《じつげん》に、大きな役割《やくわり》を果《は》たしていくのである。


芸術《げいじゅつ》も、外交《がいこう》も、いうなれば、人間の「心」から生まれる。その「心」は、激流《げきりゅう》の中で鍛《きた》えられる。社会《しゃかい》の荒波《あらなみ》に磨《みが》かれた、豊《ゆた》かで強靭《きょうじん》な「心」にこそ、洗練《せんれん》された芸術《げいじゅつ》の結晶《けっしょう》も生まれるのではないだろうか。

彼《かれ》は、社会の現実《げんじつ》から目をそらして、アトリエに閉《と》じこもるような人間ではなかった。

外交《がいこう》の世界を引退《いんたい》したとき、彼《かれ》は五十三歳《さい》。まだまだ、活躍《かつやく》することは十分《じゅうぶん》

ルーベンスの自画像《じがぞう》（ウィーン：美術史博物館蔵）

にできた。事実《じじつ》、彼《かれ》の引退《いんたい》を惜《お》しむ声は強《つよ》かった。しかし、〝野心《やしん》の鎖《くさり》には縛《しば》られたくない〟と、あえて要請《ようせい》を断《ことわ》る。

その後も、安閑《あんかん》と、余生《よせい》を楽《たの》しもうとはしなかった。彼《かれ》にとっては、再《ふたた》び芸《げい》術《じゅつ》に没頭《ぼっとう》できる、かけがえのない時間《じかん》であった。自《みずか》らの芸術《げいじゅつ》の総仕上《そうしあ》げへ――彼《かれ》は、若き日と変《か》わらぬ情熱《じょうねつ》で進《すす》んでいく。

ルーベンスは、晩年《ばんねん》、当時「痛風《つうふう》」と呼《よ》ばれた関節炎《かんせつえん》に苦《くる》しんでいる。筆《ふで》を持《も》つ大事《だいじ》な右手に、しばしば痛《いた》みが走った。

しかし、肉体《にくたい》が衰《おとろ》えた分、青年たちとの共同作業《きょうどうさぎょう》など、方法も工夫《くふう》し、決《けっ》して創造《そうぞう》の歩《あゆ》みを止《と》めなかった。ルーベンスが、工房《こうぼう》（仕事場《しごとば》）で、多くの弟子《でし》や助手《じょしゅ》との共同作業《きょうどうさぎょう》を通《とお》しながら、優《すぐ》れた後進《こうしん》を育《そだ》てあげたことは、有名なエピソードである。

私の古《ふる》き友人である、フランスの美術史家《びじゅつしか》ルネ・ユイグ氏は、語《かた》っている。

「完成《かんせい》された作品は、もはや過去《かこ》の死んだものでしかありません。（芸術家《げいじゅつか》は）さらにそれを超《こ》えて追《お》い求《もと》めていくのです。さらに遠《とお》く、さらに高く導《みちび》いてくれる別の作品を創造《そうぞう》し続《つづ》けることに熱中《ねっちゅう》します」と――。

「生きる」ことの本当の意味《いみ》は、生涯《しょうがい》、学《まな》びぬき、挑戦《ちょうせん》しぬく中にある。年齢《ねんれい》に関係《かんけい》なく、向上心《こうじょうしん》をなくした瞬間《しゅんかん》から、後退《こうたい》が始《はじ》まってしまう。

常《つね》に、もう一段《だん》、上を目指《めざ》して、〝今の自分を超《こ》える〟労作業《ろうさぎょう》に徹《てっ》していきたい。その努力《どりょく》が、人生というカンバスに、不滅《ふめつ》の名画《めいが》を残《のこ》してゆくのである。

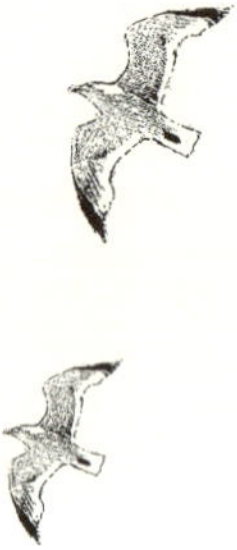

気《け》高《だか》き「精神《せいしん》の継承《けいしょう》」

ネルー首相《しゅしょう》と娘《むすめ》インディラ

「精神《せいしん》の大国《たいこく》」インド――。仏教《ぶっきょう》の祖《そ》・釈尊《しゃくそん》に始《はじ》まり、古代《こだい》の哲人王《てつじんおう》アショカ、今世紀《こんせいき》では、「インド独立《どくりつ》の父」マハトマ・ガンジー、そして、その後継者《こうけいしゃ》である初代首相《しょだいしゅしょう》のネルーといった、「精神《せいしん》の巨人《きょじん》」を生んだ国である。

一九九四年秋《あき》、その歴史《れきし》の一端《いったん》を紹介《しょうかい》する企画《きかく》として、「アショカ、ガンジー、ネルー展《てん》」（東京富士美術館《ふじびじゅつかん》）が開催《かいさい》された。

オープニングには、ラジブ・ガンジー元首相《もとしゅしょう》の夫人《ふじん》、ソニア女史《じょし》も出席《しゅっせき》された。ラジブ元首相《もとしゅしょう》は、ネルー初代首相《しょだいしゅしょう》（一八八九〜一九六四年）を祖父《そふ》に持《も》ち、女性《じょせい》首相《しゅしょう》インディラ・ガンジー（一九一七〜八四年）を母に持《も》つ。

ソニア女史《じょし》は、来日《らいにち》の折《おり》、ご自身がまとめられた、ネルーと娘《むすめ》のインディラとの書簡集《しょかんしゅう》（手紙《てがみ》をまとめた本）を、私に贈《おく》ってくださった。その手紙《てがみ》が伝《つた》える、父と娘《むすめ》の心温《こころあたた》まるドラマを紹介《しょうかい》したい。

ネルーは、その生涯《しょうがい》において、実《じつ》に九回、のべ九年間にもわたって投獄《とうごく》された。そのため、ネルーは、娘《むすめ》のインディラとは、いつも離《はな》れ離《ばな》れであった。そのうえ、インディラの母は、若くして病気《びょうき》で亡《な》くなり、すでにいない。

一人ぼっちの寂《さび》しさを、インディラは、獄中《ごくちゅう》の父につづり送《おく》った。

「お父さんがいなくて、さびしくてたまりません。お父さんの部屋《へや》のドアは、いつも閉《し》めてあります。ガランとした部屋《へや》に足を踏《ふ》み入れて、だれもいないことを知るのが嫌《いや》なのです」

それに対して、父は、獄中《ごくちゅう》から返事《へんじ》を書《か》いた。

「あなたがスイスやイギリスにいて、私が似《に》たような(一人ぼっちの)状況《じょうきょう》にあったとき、私がどうしたか、教《おし》えてあげましょうか」

「私は、あなたの部屋《へや》と私の部屋《へや》の間のドアを、いつも開《あ》け放《はな》しておきました。毎朝《まいあさ》、あなたの部屋《へや》を訪《おとず》れ、毎晩《まいばん》、あなたの部屋《へや》に『おやすみ』を言いに行きました。

あたかも、あなたがそこに住《す》んでいて、たった今、外出《がいしゅつ》して、いつ戻《もど》ってく

「アショカ、ガンジー、ネルー展《てん》」を鑑賞《かんしょう》する
ソニア・ガンジー女史《じょし》（著者の左側）と著者《ちょしゃ》

（東京富士美術館）

るかもしれない――そういうふうに、明るくて、風通《かぜとお》しのいい、楽《たの》しい感《かん》じの部屋《へや》にしておきたかったのです」
手紙《てがみ》を受《う》け取《と》ったインディラは、さっそく、父の部屋《へや》の大掃除《おおそうじ》を始《はじ》めたという。ほほえましい光景《こうけい》が目に浮《う》かぶようである。どんなに離《はな》れていても、父と娘《むすめ》の心の扉《とびら》は、いつも開《ひら》かれていた。

また、あるとき、娘《むすめ》に元気がない、落《お》ちこんでいるようだと感《かん》じると、父は手紙《てがみ》を書《か》き、励《はげ》ました。

「ともあれ、たとえ全世界が誤《あやま》った方向へ走ったとしても、私たちが個人《こじん》として、運命《うんめい》に従《したが》わなければならないという理由《りゆう》は、何《なに》もありません。

ベートーヴェンが言ったことを覚《おぼ》えていますか？　よりによって、耳が聞こ

ネルー首相《しゅしょう》(左)と娘《むすめ》のインディラ・ガンジー

えないという苦難《くなん》に見舞《みま》われた、あのベートーヴェンが言った言葉《ことば》です。彼《かれ》は『私は、運命《うんめい》の喉《のど》を絞《し》めてやる。運命《うんめい》が私を打《う》ち負《ま》かすことなど、絶対《ぜったい》にさせない』と言ったのです」

「人間は、一念《いちねん》を定《さだ》めさえすれば、天国《てんごく》からの風《かぜ》にも、地獄《じごく》からの風《かぜ》にも、不《ふ》動《どう》の姿勢《しせい》で立ち向《む》かえるのです」

〝人間は、いかなる運命《うんめい》をも転換《てんかん》できる〟――この強《つよ》い「心」、不動《ふどう》の「信念《しんねん》」こそ、父が、娘《むすめ》に伝《つた》えた「精神《せいしん》の遺産《いさん》」であった。この父の心に応《こた》えて、娘《むすめ》もまた、インド独立運動《どくりつうんどう》の若き聡明《そうめい》なリーダーへと成長《せいちょう》していったのである。


過去《かこ》から未来へ、世代《せだい》から世代《せだい》へ、歴史《れきし》は流《なが》れ、刻《きざ》まれてゆく。二十一世紀を生きゆく皆《みな》さんは、ご両親《りょうしん》から、また人類《じんるい》の遺産《いさん》から、どのような精神《せいしん》を受《う》け継《つ》ぐのだろうか。

私は願《ねが》っている。平和を求《もと》める心、文化《ぶんか》を愛《あい》する心、友情《ゆうじょう》を大切《たいせつ》にする心を学《まな》びゆくことを――。

桜花《おうか》は厳冬《げんとう》を越《こ》えて

〝人民《じんみん》のおかあさん〟鄧穎超《とうえいちょう》

桜《さくら》は平和の花
桜《さくら》は文化の花
桜《さくら》は乙女《おとめ》の心の花

桜《さくら》は不思議《ふしぎ》な存在感《そんざいかん》を持《も》っている。咲《さ》き薫《かお》る桜《さくら》は、ただ一本だけでも、周《まわ》りの景色《けしき》を一変《いっぺん》させる。すべてを美《うつく》しくし、清《きよ》らかにし、楽しくさせる。

中国の〝人民《じんみん》のお母さん〟として敬愛《けいあい》された鄧穎超女史《とうえいちようじよし》（一九〇四～九二年）も、そうした方であられた。〝人民《じんみん》の総理《そうり》〟と慕《した》われた周恩来総理《しゅうおんらいそうり》の夫人《ふじん》である。一九九二年、皆《みな》に惜《お》しまれながら、八十八歳《さい》で逝去《せいきょ》された。

ご夫妻《ふさい》とも、桜《さくら》をこよなく愛《あい》しておられた。創価大学のキャンパスにある「周《しゅう》夫婦桜《めおとざくら》」は、春がめぐりくるたびに、美《うつく》しい満開《まんかい》の笑顔《えがお》に輝《かがや》き、ありし日の夫《ふ》妻《さい》を偲《しの》ばせる。

女史《じょし》が、「人民《じんみん》の幸福《こうふく》」のための運動《うんどう》に身を投《とう》じたのは、十五歳《さい》のとき（一九一九年）である。

当時の中国は、日本をはじめ、諸外国《しょがいこく》から攻《せ》められていた。一方、国内にも、外国と結《むす》んで私腹《しふく》を肥《こ》やす勢力《せいりょく》があった。

彼女《かのじょ》は、学友《がくゆう》とともに立ち上がる。人々《ひとびと》の家を訪《たず》ね、祖国《そこく》の危機《きき》と、民衆《みんしゅう》の自立《じりつ》を訴《うった》えた。いわゆる「五・四運動《うんどう》」である。

彼女《かのじょ》は雑誌《ざっし》に、火を噴《ふ》くような一文《いちぶん》を発表《はっぴょう》する。（以下、金鳳著『鄧穎超伝』人民出版社、参照）

タイトルは、「なぜ……？」。

人々《ひとびと》が苦《くる》しんでいるのに、多くの同世代《どうせだい》の友は無関心《むかんしん》であった。女史《じょし》は、こうした人々《ひとびと》に、率直《そっちょく》な疑問《ぎもん》を投《な》げかけたのである。

女史《じょし》は問《と》う。――なぜ実行《じっこう》しないのか？

一部の学生は、理屈《りくつ》はうまい。他人《たにん》を批判《ひはん》するのは得意《とくい》だ。しかし彼《かれ》らは、行動《こうどう》すべきときに、行動《こうどう》しない。それは、なぜなのか――。彼女《かのじょ》は、聡明《そうめい》に見《み》

創価《そうか》大学《だいがく》に咲《さ》きほこる周夫婦桜《しゆうめおとざくら》

破《やぶ》っていた。

口先《くちさき》だけの人間、格好《かっこう》だけの人間は、いざというときに逃《に》げていく。そうした人間に、歴史《れきし》は決《けっ》してつくれない。


また、女史《じょし》は、こうも書《か》く。――なぜ嫉妬《しっと》するのか？

嫉妬《しっと》は、自分の心を疲《つか》れさせるだけである。嫉妬《しっと》の心は、醜《みにく》い。他人が自分の前に行くのを恐《おそ》れ、何とか足を引《ひ》っ張《ぱ》ろうとする。自分も他人も、ともに成《せい》長《ちょう》すればいいではないか――。彼女《かのじょ》は、本質《ほんしつ》を見ぬいていた。

他人と自分を比較《ひかく》して、一喜《いっき》一憂《いちゆう》するのは愚《おろ》かである。それよりも、比《くら》べるべきは「昨日《きのう》の自分」である。一日一日と、自分を高めていけばよいのである。

さらに、女史《じょし》は問《と》いを続《つづ》ける。――なぜ人を見下《みくだ》すのか？

人間は平等《びょうどう》であり、助《たす》けあうものである。それなのに、多くの学生は、少しばかり学問《がくもん》があるからといって、いばっている。学問《がくもん》のない貧《まず》しい人とは関《かか》わろうともしない。それどころか、あざ笑《わら》っている。私は問《と》いたい。何のために教育《きょういく》を受《う》けているのか――と。

「何のため」――これが、十五歳《さい》の女史《じょし》の叫《さけ》びであった。

確《たし》かな原点《げんてん》のある人は、強《つよ》い。「何のため」との一点《いってん》が定《さだ》まっていれば、人生に迷《まよ》わない。苦《くる》しくても、へこたれない。まっすぐに伸《の》びていける。

また、こんなエピソードもある。（同、参照）

あるとき、女史《じょし》が新聞《しんぶん》を読《よ》んでいると、一つの記事《きじ》が目に留《と》まった。そこに、十代《だい》前半を過《す》ごした学校（天津女子師範学校《てんしんじょししはんがっこう》）の同窓生《どうそうせい》が、出ていたのである。卒《そつ》業後《ぎょうご》、六十数年《すうねん》が過《す》ぎていたが、写真《しゃしん》を一目《ひとめ》見ただけで、懐《なつ》かしい旧友《きゅうゆう》であることが分《わ》かった。

記事《きじ》によると、その友人は、高齢《こうれい》にもかかわらず、教育《きょういく》の第一線《だいいっせん》で活躍《かつやく》しているとあった。女史《じょし》はさっそく彼女《かのじょ》に手紙《てがみ》を送《おく》り、数カ月後、再会《さいかい》が実現《じつげん》する。

その席《せき》で、旧友《きゅうゆう》は語《かた》った。——実《じつ》は以前《いぜん》、女史《じょし》と連絡《れんらく》を取《と》るチャンスがあった。しかし、一介《いっかい》の教員《きょういん》にすぎない自分が、全人民《ぜんじんみん》から敬愛《けいあい》されている女史《じょし》の執務《しつむ》を邪魔《じゃま》してはいけないと思い、遠慮《えんりょ》したのだ、と。

それを聞《き》いた女史《じょし》は、笑顔《えがお》でこう答《こた》えたという。

「私は、人民《じんみん》の使《つか》いに過《す》ぎません。あなたは長年《ながねん》、教育《きょういく》の仕事《しごと》に携《たずさ》わり、おおぜいの国家《こっか》の後継者《こうけいしゃ》を育成《いくせい》してこられた。これは、大事業《だいじぎょう》です。私のほうこそ、

鄧穎超女史《とうえいちようじよし》(右から２人目)の北京《ぺきん》の自宅《じたく》を訪問《ほうもん》した著者夫妻《ちよしやふさい》

あなたに学《まな》ばなければなりません」

まことに謙虚《けんきょ》な言葉《ことば》である。女史《じょし》には、だれからも学《まな》んでいこうとの、深き求道《きゅうどう》の姿勢《しせい》があった。ゆえに、友情《ゆうじょう》を幾重《いくえ》にも広げていくことができた。そして、ひとたび結《むす》んだ友情《ゆうじょう》は、生涯《しょうがい》、大切にしていったのである。

女史《じょし》は、二十歳《さい》以上も若い私に対しても、礼節《れいせつ》を尽《つ》くし、変《か》わらぬ友誼《ゆうぎ》で接《せっ》してくださった。お会《あ》いするたびに、深く温《あたた》かな心が伝《つた》わってきた。

一九九〇年五月、北京《ペキン》にある女史《じょし》の自宅《じたく》を訪問《ほうもん》したことが懐《なつ》かしい。その折《おり》、女史《じょし》は、「私は、生前《せいぜん》の総理《そうり》の、名誉会長《めいよかいちょう》への心情《しんじょう》をよく知っております」「総《そう》理《り》との友情《ゆうじょう》の形見《かたみ》として」と、周総理《しゅうそうり》の遺品《いひん》である、象牙《ぞうげ》のペーパーナイフを、ご自身《じしん》が愛用《あいよう》された玉製《ぎょくせい》の筆立《ふでた》てとあわせて、贈《おく》ってくださった。

玄関《げんかん》まで出てこられ、いつまでも見送《みおく》ってくださる女史《じょし》の姿《すがた》に、私はいったん車を降《お》りて、別《わか》れを告《つ》げた。これが、女史《じょし》との最後《さいご》の場面《ばめん》となった。

そのときの女史《じょし》の慈愛《じあい》の笑顔《えがお》は、今も私の心に、清《きよ》らかな桜花《おうか》のごとく咲《さ》き薫《かお》っている。

平和の世紀《せいき》へのシンフォニー

「音楽の皇帝《こうてい》」ユーディー・メニューイン

音楽《おんがく》は、心の友である。
若き日、私は、ベートーヴェンの『運命《うんめい》』（第五交響曲）をこよなく愛《あい》した。その重厚《じゅうこう》な音律《おんりつ》が、私の狭《せま》い部屋《へや》いっぱいに響《ひび》きわたったときの感動《かんどう》は、今もって忘《わす》れることができない。
聴《き》きおえて、われに返《かえ》ると、すがすがしい勇気《ゆうき》が血管《けつかん》のなかを駆《か》けめぐる心《ここ》地《ち》よさを実感《じっかん》した。いつしか胸中《きょうちゅう》は満《み》ち足《た》りていたのである。

楽器《がっき》の中で、最《もっと》も〝人間の声に似《に》ている〟音色《ねいろ》を出すのは、ヴァイオリンであるといわれる。

ユーディー・メニューイン氏は、ヴァイオリンで妙《たえ》なる世界を奏《かな》でてきた、今世紀《こんせいき》を代表《だいひょう》する音楽家《おんがくか》である。三歳《さい》のとき、初《はじ》めて両親《りょうしん》に連《つ》れていってもらったコンサートで、ヴァイオリンの音色《ねいろ》に魅《み》せられたのが、きっかけとなったという。

十一歳《さい》のとき、氏のヴァイオリンの妙技《みょうぎ》に、感極《かんきわ》まったアインシュタイン博士《はかせ》が舞台《ぶたい》に駆《か》けあがり、メニューイン少年を抱《だ》きしめて、たたえたことは有名なエピソードである。

一九九二年の春、東京で氏と語《かた》り合った折《おり》、「なぜユダヤ人はヴァイオリンに長《ちょう》じているのでしょうか」との私の質問《しつもん》に、「数々《かずかず》の弾圧《だんあつ》を受《う》けたユダヤ人にとっては、ヴァイオリンによって表現《ひょうげん》すべき、あまりにも多くの〝思い〟があったのです」との答《こた》えが返《かえ》ってきた。私は、この言葉《ことば》を涙《なみだ》する思いで聞《き》いた。そう語《かた》る氏もまた、ユダヤ人だからである。

その洗練《せんれん》された物腰《ものごし》、優《やさ》しく穏《おだ》やかな表情《ひょうじょう》──。振《ふ》る舞《ま》いのすべてが交響曲《こうきょうきょく》のように、接《せっ》する人の心をうつ方《かた》である。

氏の温《あたた》かな眼差《まなざ》しは、「友情《ゆうじょう》」や「人間の尊厳《そんげん》」のために戦《たたか》ってきた人が持《も》つ、「強《つよ》さ」と「深さ」を秘《ひ》めている。

第二次世界大戦中《だいにじせかいたいせんちゅう》、前線《ぜんせん》で傷《きず》ついた兵士《へいし》を励《はげ》まそうと、母国《ぼこく》イギリスをはじ

世界最高峰《せかいさいこうほう》のヴァイオリンの賢者《けんじゃ》メニューイン氏(左から3人目)を迎える著者《ちょしゃ》

自宅《じたく》で練習《れんしゅう》をしているメニューイン氏

めヨーロッパ各地《かくち》で、五百回以上もの演奏《えんそう》の旅《たび》を続《つづ》ける。また、戦後《せんご》すぐに、ナチスの強制収容所《きょうせいしゅうようじょ》の生存者《せいぞんしゃ》のもとに駆《か》けつけて、慰問演奏《いもんえんそう》も行《おこな》った。

さらに、ナチス・ドイツから多くのユダヤ人を助けた大指揮者《だいしきしゃ》フルトヴェングラーが、戦後《せんご》、〝ナチス協力者《きょうりょくしゃ》〟との不当《ふとう》なレッテルを貼《は》られたとき、三十一歳《さい》の若きメニューイン氏は、新聞紙上《しんぶんしじょう》で徹底的《てっていてき》に反論《はんろん》する。そして、自《みずか》らドイツに赴《おもむ》き、フルトヴェングラーの演奏会《えんそうかい》に参加《さんか》し、応援《おうえん》している。

「人間」への不当《ふとう》な圧迫《あっぱく》を、断《だん》じて許《ゆる》さない――これが、氏の信念《しんねん》である。まもなく八十歳《さい》となる今も、変《か》わらない(当時。一九九九年没)。その情熱《じょうねつ》を、あふれんばかりの慈愛《じあい》に変《か》えて、ヴァイオリンの音色《ねいろ》に込《こ》めておられるのである。

「音楽《おんがく》の皇帝《こうてい》」「ヴァイオリンの賢者《けんじゃ》」――氏は、世界中から、こう敬愛《けいあい》されている。

その氏が、理想《りそう》とする社会の姿《すがた》を語《かた》っておられた。

「昼間《ひるま》、町を掃除《そうじ》する人々《ひとびと》が、夜には四重奏《しじゅうそう》を演奏《えんそう》する。そんな社会が実現《じつげん》することを望《のぞ》んでいます」と。

懸命《けんめい》に生きる名もなき庶民《しょみん》が、幸福《こうふく》の調《しら》べで心を満《み》たす。そして、皆が奏《かな》でる「平和」と「友情《ゆうじょう》」のメロディーが、この地球をやわらかに包《つつ》んでいく――。

美《うつく》しき氏の願《ねが》いは、私の心に、共鳴《きょうめい》のシンフォニーを響《ひび》かせている。

悪を許《ゆる》さぬ「信念《しんねん》の人」に

コロンビアの若き乙女《おとめ》ポリカルパ

〝世界で最《もっと》も美《うつく》しい国歌《こっか》〟の一つとされる、南米《なんべい》のコロンビア国歌《こっか》――。独立《どくりつ》を勝《か》ち取《と》った民衆《みんしゅう》の心意気《こころいき》が、「人間の栄光」として、誇《ほこ》り高く歌《うた》いあげられている。

日本から見れば、ほぼ地球の反対側《はんたいがわ》に位置《いち》するコロンビア。その美《うつく》しい国土《こくど》は、〝黄金郷《おうごんきょう》〟（エル・ドラド）ともよばれる。

一九九三年の二月の初訪問《はつほうもん》の折《おり》には、コロンビアの若き指導者《しどうしゃ》である、ガビリア大統領《だいとうりょう》（当時）夫妻《ふさい》と親《した》しく語《かた》りあった。

祖国《そこく》の発展《はってん》のために、困難《こんなん》への挑戦《ちょうせん》を貫《つらぬ》く大統領《だいとうりょう》の姿《すがた》に、私の心には、この勇壮な国歌《こっか》が、あざやかに響《ひび》いていたのである。

コロンビアの独立闘争《どくりつとうそう》は、十九世紀の初《はじ》めにさかのぼる。他国《たこく》による支配《しはい》は、およそ三百年にわたっていた。

この闘争《とうそう》には、男性《だんせい》ばかりでなく、祖国《そこく》を愛《あい》する多くの女性《じょせい》が決起《けっき》した。その一人《ひとり》に、若き乙女《おとめ》ポリカルパ・サラバリエタ（一七九五～一八一七年）がいた。彼女《かのじょ》の活躍《かつやく》は、今なお、コロンビアの人々《ひとびと》に、語《かた》り継《つ》がれている。

ポリカルパは、真珠《しんじゅ》のように美《うつく》しく、聡明《そうめい》で活発《かっぱつ》な女性《じょせい》であったといわれる。幼《おさな》い頃《ころ》、両親《りょうしん》また姉弟《してい》の二人を伝染病《でんせんびょう》で亡《な》くすという不幸《ふこう》にも負《ま》けずに、明《あか》るく育《そだ》っていく。

やがて、革命《かくめい》の機運《きうん》が高まるや、彼女《かのじょ》も立ち上がる。しかし、まだ、十代後《だいこう》半《はん》の何の立場《たちば》もない一人《ひとり》の少女《しょうじょ》である。一つずつ自分のできることから挑戦《ちょうせん》していった。

まず、自分の周《まわ》りの多くの人と「革命《かくめい》の友」になっていこう。皆《みな》を励《はげ》まし、語《かた》りに語《かた》り、「革命《かくめい》の炎《ほのお》」を人々《ひとびと》の心に点《とも》していこう——と。

彼女《かのじょ》は、しだいに重要《じゅうよう》な任務《にんむ》を任《まか》されるようになり、革命運動《かくめいうんどう》にとって、なくてはならない存在《そんざい》になっていく。そうなると、敵《てき》も、彼女《かのじょ》を、執拗《しつよう》に狙《ねら》い始《はじ》めた。〝彼女《かのじょ》さえいなくなれば、彼《かれ》らは困《こま》るにちがいない〟と。

コロンビアを訪問《ほうもん》し、ガビリア大統領《だいとうりよう》(右)と会見《かいけん》する著者《ちよしや》

コロンビアの歴史《れきし》の教科書《きようかしよ》に
載《の》っているポリカルパ
(コロンビア大使館提供)

彼女《かのじょ》は、とうとう捕《つか》まり、牢《ろう》に入れられてしまう。非道《ひどう》な尋問《じんもん》が繰《く》り返《かえ》された。一緒《いっしょ》に捕《つか》まった弟《おとうと》が拷問《ごうもん》されるのを、目の前で見せられたこともあった。

「共犯者《きょうはんしゃ》は、だれだ！」——厳《きび》しく責《せ》めたてる敵《てき》に、彼女《かのじょ》は鋭《するど》く切り返《かえ》す。

「共犯者《きょうはんしゃ》は『人間』です。不正《ふせい》と抑圧《よくあつ》と独裁《どくさい》を許《ゆる》さない『人間』です」

いかなる仕打《しう》ちにも、彼女《かのじょ》の毅然《きぜん》とした態度《たいど》は変《か》わらなかった。

不当《ふとう》な裁判《さいばん》によって、彼女《かのじょ》は銃殺刑《じゅうさつけい》を宣告《せんこく》される。まだ、二十代前半《だいぜんはん》の若さであった。

処刑《しょけい》の前日、敵側《てきがわ》の神父《しんぷ》たちは、「あやまりなさい。そうすれば、命《いのち》は助《たす》けてもらえるだろう」と、口々《くちぐち》に説得《せっとく》する。

しかし、彼女《かのじょ》はきっぱりと断《ことわ》る。

「私が許《ゆる》しを請《こ》い、生きながらえることは、敵《てき》の人間が正しいということを認《みと》めることになります。それだけはできません！　私は、決《けっ》して間違《まちが》っていません！」

そばにいた将校《しょうこう》が、神父《しんぷ》に言った。

「きょうは威勢《いせい》のいい〝虎《とら》〟でも、明日は〝羊《ひつじ》〟になるさ」

すぐさま、彼女《かのじょ》は言い返《かえ》した。

「あなたたちのほうこそ、今は〝虎《とら》〟を気取《きど》っているが、いざとなれば、すぐに〝羊《ひつじ》〟の正体《しょうたい》をさらけ出すでしょう。祖国《そこく》が解放《かいほう》されたとき、苦《くる》しむのは、あなたたちです！」

処刑《しょけい》の当日《とうじつ》、彼女《かのじょ》を取《と》り囲《かこ》むように群衆《ぐんしゅう》が集《あつ》まってきた。正義《せいぎ》の人の殉難《じゅんなん》を傍観《ぼうかん》する、無気力《むきりょく》な民衆《みんしゅう》に向かって、彼女《かのじょ》は、渾身《こんしん》の力を込《こ》めて訴《うった》えた。

「民衆《みんしゅう》よ！　あなた方は、罪《つみ》のない同志《どうし》が殺《ころ》されることを、どうして認《みと》めるのか！　このような卑劣《ひれつ》な仕打《しう》ちを、やすやすと受《う》け入れるほど、成《な》り下《さ》がってしまったのか！」

「もっと誇《ほこ》りを持《も》ちなさい！　もっと勇気《ゆうき》を持《も》ちなさい！」

――火を吐《は》くような叫《さけ》びであった。

銃声《じゅうせい》とともに、彼女《かのじょ》の声は消《き》えた。しかし、死の瞬間《しゅんかん》まで信念《しんねん》を貫《つらぬ》いた勇気《ゆうき》は、「不滅《ふめつ》の炎《ほのお》」となって、人々《ひとびと》の心に燃《も》え移《うつ》った。一人《ひとり》、また一人《ひとり》と、民衆《みんしゅう》は立った。

そして、ポリカルパの死から二年後（一八一九年）、祖国《そこく》コロンビアは、ついに完全《かんぜん》な解放《かいほう》を勝《か》ち取《と》るのである。彼女《かのじょ》の予言《よげん》通《どお》り、敵《てき》は〝羊《ひつじ》〟のように逃《に》げ去《さ》っていった。

人々《ひとびと》の心を開《ひら》き、変《か》えていく力——それは、一人の人間の聡明《そうめい》な「眼《まなこ》」であり、真実《しんじつ》の「声」であり、勇気《ゆうき》の「行動《こうどう》」である。

気高《けだか》き「信念《しんねん》の人」は、永遠《えいえん》を生きる。民衆《みんしゅう》の心に生きつづける。不滅《ふめつ》の栄《えい》光《こう》に包《つつ》まれながら——。

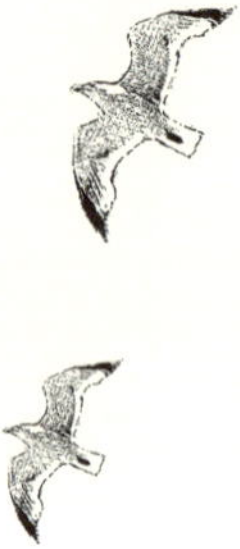

人生の「主《しゅ》人《じん》公《こう》」たれ

ナポレオンの「アルプス越《ご》え」

駿馬《しゅんめ》にまたがり、アルプスの峰《みね》を越《こ》えゆかんとする、さっそうとした雄姿《ゆうし》——東京牧口記念会館《とうきょうまきぐちきねんかいかん》（東京・八王子）の広場《ひろば》に、台座《だいざ》を入れると高さ八メートルを超《こ》える、ナポレオンのブロンズ像《ぞう》がある。

「前進《ぜんしん》！」。この叫《さけ》びとともに、ナポレオン・ボナパルト（一七六九～一八二一年）は、世紀《せいき》の転換期《てんかんき》を駆《か》けぬけた。

一八〇〇年五月――。ナポレオンは、三十歳《さい》の青年であった。彼《かれ》は、イタリア遠征《えんせい》に向《む》かう途上《とじょう》、敵《てき》の裏《うら》をかいて、〝アルプス越《ご》え〟という、あえて困難《こんなん》な道をえらぶ。だれも想像《そうぞう》しなかった作戦《さくせん》であった。

彼《かれ》の目指《めざ》したサン＝ベルナール峠《とうげ》は、実に標高《ひょうこう》二、四七二メートル。五月とはいえ、あたりは深い雪に覆《おお》われていた。時折《ときおり》、はげしい吹雪《ふぶき》もあった。「われわれは氷《こおり》と雪と強風《きょうふう》となだれと闘《たたか》っている」（長塚隆二著『ナポレオン』読売新聞社）と、ナポレオンは記《しる》している。その険難《けんなん》の峰《みね》に、三万人の部隊《ぶたい》が、一歩《いっぽ》また一《いっ》歩《ぽ》と挑戦《ちょうせん》していったのである。

もっとも困難《こんなん》をきわめたもの、それは大砲《たいほう》の運搬《うんぱん》であった。急《きゅう》な、しかも狭《せま》い雪の山道《やまみち》。大きな重《おも》い大砲《たいほう》を、いったい、どうやって運《はこ》んでいくのか。

峠《とうげ》を見上げながら、ナポレオンは、アルプスを視察《しさつ》してきた青年将軍《しょうぐん》にたずねた。
「どうだ（中略）大《だい》サン＝ベルナール峠越《とうげご》えは可能《かのう》か？」（同）
青年将軍《しょうぐん》は報告《ほうこく》する。
「きわめて困難《こんなん》ではありますが、不可能《ふかのう》ではありません」（同）
その言葉《ことば》を聞《き》くと、ナポレオンは即座《そくざ》に答《こた》えた。
「よし！　そこを突破《とっぱ》しよう」（同）
世界史《せかいし》を揺《ゆ》るがしたドラマは、この大胆《だいたん》な決断《けつだん》から始《はじ》まった。
そして、大砲《たいほう》を分解《ぶんかい》するなど、さまざまに工夫《くふう》をこらし、完璧《かんぺき》に運《はこ》ぶことができたのである。決意《けつい》と知恵《ちえ》があるところに、行《ゆ》き詰《づ》まりはない。

ナポレオンが越《こ》えた険難《けんなん》な峰《みね》のサン＝ベルナール峠《とうげ》

「不可能《ふかのう》という文字は、愚《おろ》か者の辞書《じしょ》にのみある」――有名なナポレオンの言《こと》葉《ば》である。しかし、これは、多くの場合《ばあい》、誤解《ごかい》されているようだ。

ナポレオンは、偉業《いぎょう》を実現《じつげん》したことを誇《ほこ》って「我《われ》に不可能《ふかのう》なし」と言ったのではない。その反対《はんたい》に、「人間に不可能《ふかのう》なし」と固《かた》く信じていたがゆえに、彼《かれ》は大事業《だいじぎょう》を成《な》せたのではないだろうか。

すなわち、この有名な言葉《ことば》は、彼《かれ》の勝利《しょうり》の「結果《けっか》」ではなく「原因《げんいん》」だったのである。


あるとき、ナポレオンは、十万の敵《てき》と戦《たたか》う。味方《みかた》は、わずか五万たらず。〝これでは、かなうはずがない〟と、だれもがあきらめかけたとき、ナポレオンは高らかに叫《さけ》んだ。

サン＝ベルナール峠《とうげ》を越《こ》えるナポレオンを表《あらわ》したブロンズ像《ぞう》
(東京牧口記念会館)

「わが兵五万。これにナポレオンの名を合算《がっさん》せよ。総計《そうけい》十五万！」（鶴見祐輔著『ナポレオン』潮出版社）
〝私の力は、十万人の兵士《へいし》に匹敵《ひってき》する〟――このナポレオンの確信《かくしん》が、軍《ぐん》の士《し》気《き》を一変《いっぺん》させた。
物事《ものごと》に取《と》り組《く》むとき、大切《たいせつ》なのは「勇気《ゆうき》」である。「強《つよ》き心」である。それさえあれば、断《だん》じて負《ま》けない。

ナポレオンが、好《この》んで用《もち》いたとされる言葉《ことば》に、「世界を引っぱっていく秘訣《ひけつ》はただ一つしかない。それは強《つよ》くあるということである」（『ナポレオン言行録』大塚幸男訳、岩波文庫）とある。
〝臆病《おくびょう》ではいけない。強《つよ》くあれ！〟――ナポレオンの生涯《しょうがい》は、私たちに、そう語《かた》りかけているように思える。

無限《むげん》の可能性《かのうせい》に生きる皆さんである。新世紀《しんせいき》のリーダーとなるべき皆さんである。〝わが人生の主人公《しゅじんこう》は私である！〟との、何ものにも頼《たよ》らない「強《つよ》き心」で、二十一世紀の険難《けんなん》の峰《みね》を堂々《どうどう》と越《こ》えていただきたい。

皆さんの成長《せいちょう》を、未来《みらい》が待《ま》っている。皆さんの活躍《かつやく》を、世界《せかい》が望《のぞ》んでいる。

折《おり》々《おり》の語《かた》らい

ロシア・モスクワ（著者撮影）

①クラブ活動《かつどう》と勉強《べんきょう》の両立《りょうりつ》について

体もクタクタで、お腹《なか》も空《す》いているだろう。しかし、すべてが、あなたを大きく、豊《ゆた》かにする。何事《なにごと》にも、くじけずに、積極的《せっきょくてき》に取《と》り組《く》んでほしい。

大切なことは、勉強《べんきょう》にも、クラブ活動《かつどう》にも、一〇〇パーセントの力を出しきろうと決意《けつい》することです。たくましく両方《りょうほう》やりきっていこうと挑戦《ちょうせん》するなかで、人格《じんかく》も磨《みが》かれていく。

たとえば、試験前《しけんまえ》は、当然《とうぜん》、勉強《べんきょう》に徹《てっ》する。クラブの試合《しあい》が近いときは、ふだんより、練習時間《れんしゅうじかん》を増《ふ》やしていく。そうした賢《かしこ》い心の切《き》り替《か》えを心がけながら、貴重《きちょう》な青春を、何倍《なんばい》にも価値《かち》ある、実《みの》り多いものとしていただきたい。

②火事にあった中学生に対して

皆が無事《ぶじ》で、本当に良かった。家は、また建《た》て直《なお》すことができる。今は、つらくとも、「負《ま》けない心」で乗《の》り越《こ》えてください。

将来《しょうらい》、あなたが大人《おとな》になったら、前よりも立派《りっぱ》な家を造《つく》って、お父さん、お母さんを喜《よろこ》ばせてほしい。必ずそうなることを、私は信じています。

苦《くる》しんでこそ、人間は強《つよ》くなる。人を深く思いやれるようになる。どうか、「大きな心」の自分を築《きず》いてください。

③試《し》験《けん》の結《けつ》果《か》が思わしくなかった中学生に

〝なかなか成《せい》績《せき》が上がらない〟――こうした悩《なや》みは、あなただけでなく、だれにでも、大なり小なりあるものです。勉《べん》強《きょう》した所が試《し》験《けん》に出なかったり、たまたま体《たい》調《ちょう》が悪《わる》かったりなど、原《げん》因《いん》はいろいろあるでしょう。しかし、いつまでも、くよくよして落《お》ち込《こ》んでいては、自分が損《そん》をする。

どんなときもへこたれないで、「次こそがんばろう」と決《けつ》意《い》する人は、伸《の》びていきます。その人は、強《つよ》い。失《しっ》敗《ぱい》のなかから、次《つぎ》の勝《しょう》利《り》の糧《かて》をつかむ人です。

あせる必《ひつ》要《よう》はありません。少しずつ、成《せい》績《せき》が向《こう》上《じょう》していくよう、自分らしく努《ど》力《りょく》を続《つづ》けていけばよいのです。

④親に叱《しか》られた高校生に

憎《にく》くて子どもを叱《しか》る親はいません。その親心《おやごころ》をわかってあげてほしい。そして、あなたが、親に心配《しんぱい》をかけないように心がけていくことです。

あなたも、家族《かぞく》の〝主役《しゅやく》〟です。決して、ワキ役《やく》ではない。あなたの言葉《ことば》一つ、行動《こうどう》一つで、家族《かぞく》の雰囲気《ふんいき》が、楽しくもなれば、暗《くら》くもなるのだから。

たとえば、親が叱《しか》っても、「うちの親は、まだまだ元気だ、安心だ」というくらい、大きく包容《ほうよう》してあげてはどうか。こうした〝ゆとり〟を持《も》てる人は、すでに立派《りっぱ》な大人《おとな》だと思う。

⑤友人関係《かんけい》に悩《なや》む中学生に

何があっても、心を大きく開こう。そして、自分らしく、胸《むね》を張《は》って生きることです。

勉強《べんきょう》でも、スポーツでもよい。また、放課後《ほうかご》の清掃《せいそう》でも、何でもよい。〝これだけは、だれにも負《ま》けない〟というものを、持《も》っていこう。

周囲《しゅうい》がどうであれ、自分は自分です。あなた自身が、生き生きと輝《かがや》いていけばよいのです。そこに、遠回《とおまわ》りに思えても、解決《かいけつ》の近道《ちかみち》がある。

大切な自分の人生を、他人に振《ふ》り回《まわ》されて、暗《くら》くし、台無《だいな》しにしては愚《おろ》かです。自分自身を確固《かっこ》と築《きず》いていけば、必ず、環境《かんきょう》を変《か》えていけるのです。

⑥受験生《じゅけんせい》に

人生にとって、大切な時期《じき》です。自分らしく、見事《みごと》に乗《の》り越《こ》え、晴《は》れやかな"春"を迎《むか》えてほしい。

かつて、トインビー博士《はかせ》は、ご自身の受験《じゅけん》の折《おり》の思い出を、しみじみと語《かた》っておられた。

博士《はかせ》は学校に入るため、奨学生《しょうがくせい》としての入学試験《にゅうがくしけん》を受《う》けたが、それが、大変《たいへん》なプレッシャーであった。なぜならば、合格《ごうかく》しなければ、経済的《けいざいてき》な理由《りゆう》で、その学校には行けなかったからです。

そのとき、博士《はかせ》のご両親《りょうしん》は、"ベストを尽《つ》くせばいいんだよ。それ以上のことは、だれにもできはしないのだから"と、励《はげ》ましてくれたという。

この一言《ひとこと》が、強《つよ》い心の支《ささ》えになったと、博士《はかせ》は振《ふ》り返《かえ》っておられた。

他人《たにん》を気にしてあせったり、必要《ひつよう》以上に心配《しんぱい》することはありません。自分らしく、堂々《どうどう》とベストを尽《つ》くせばいいのです。自分に勝《か》つ人、その人が、本当の勝利者《しょうりしゃ》だからです。

⑦母親が病気の人に

心配《しんぱい》だろう。つらいだろう。しかし、決して、自分自身が不幸《ふこう》だなどと、思いつめてはいけない。お母さんの前で、悲《かな》しい顔をしてはいけない。

お母さんも、あなたのために、家族《かぞく》のために、病気と懸命《けんめい》に闘《たたか》っていらっしゃる。お母さんに、どうか、明るい笑顔《えがお》と、優《やさ》しい励《はげ》ましの言葉を贈《おく》ってあげてほしい。それが、何よりも、お母さんを支《ささ》える最高《さいこう》の力になるのです。

だから、あなたが、家族《かぞく》の〝太陽〟として輝《かがや》いてください。

⑧卒業後《そつぎょうご》、就職《しゅうしょく》する高校生に

遊《あそ》びたい年頃《としごろ》だろうけど、一足《ひとあし》早く、社会人として自立《じりつ》し、家族《かぞく》を助けていく――心から尊《とうと》いと思う。人生の本当の勝負《しょうぶ》は、社会に出てからだ。社会で経験《けいけん》を積《つ》み、人間が磨《みが》かれてこそ、生活も、人生も、固《かた》まっていく。

時には、進学《しんがく》していく友人たちを、うらやましく思うかもしれない。だが、人生の幸福《こうふく》を決めるのは、「自分」です。そこには、学歴《がくれき》や肩書《かたがき》など、入り込《こ》む余地《よち》はありません。

大切なのは、自分の足元《あしもと》です。人生の幸福《こうふく》の〝頂《いただき》〟へ伸《の》びる道は、すべて、あなたの足元《あしもと》から始《はじ》まっていることを自覚《じかく》しよう。

⑨夜学《やがく》に通《かよ》う学生に

私も、若き日、東洋商業学校《とうようしょうぎょうがっこう》の夜間部《やかんぶ》で学《まな》びながら、昼間は印刷《いんさつ》会社などで働《はたら》きました。だから、あなたの苦労《くろう》の、一つ一つがよくわかる。

夕方、疲《つか》れた体で、学校へ自転車を走らせるあなたのことがとても心配《しんぱい》だ。あわてて事故《じこ》に遭《あ》いはしないか、健康《けんこう》は大丈夫《だいじょうぶ》かと。たまには、十分《じゅうぶん》に休みをとることも大切です。

働《はたら》きながら学《まな》んだことは、自分の身につき、真《しん》の教養《きょうよう》となるものです。その意味《いみ》で、今は、本当の学問《がくもん》を実践《じっせん》しているときだ。誇《ほこ》りを持《も》って、仕事に励《はげ》んでほしい。勇気《ゆうき》を持《も》って、勉強《べんきょう》に挑戦《ちょうせん》してほしい。あなたのその姿《すがた》に、私は、かぎりない期待《きたい》を寄《よ》せている。

⑩寮生活《りょうせいかつ》をしている人に

親元を離れて暮らす皆さんのことを思うと、私は、若き日の自分の体験《たいけん》と、寮《りょう》や下宿《げしゅく》での皆さんの生活が、二重写《にじゅううつ》しになる。

戸田先生の事業《じぎょう》が、最《もっと》も厳《きび》しい苦境《くきょう》にあった時期《じき》――私はまだ、二十代《だい》初めであった。下宿暮《げしゅくぐ》らしをしていた私は、着替《きが》えのシャツもなく、ほころびた靴《くつ》下《した》を不器用《ぶきよう》に繕《つくろ》っては、はいていたものだ。寒《さむ》い冬にも、オーバーもなかった。深夜《しんや》、疲《つか》れきって帰ってきても、火の気《け》はまったくない。体の芯《しん》から冷《ひ》えきって、一杯《いっぱい》の温《あたた》かいお茶でもあればと、何度《なんど》思ったことか。

私なりに、寮生《りょうせい》の皆さんの気持ちは、よくわかっているつもりである。

しかし、若いときは、できるだけ苦労《くろう》した方がよい。苦労《くろう》は人間を育《そだ》ててくれる。深く、強《つよ》い自分を築《きず》いてくれる。今は、人生の、かけがえのない財産《ざいさん》を蓄《たくわ》えていることを自覚《じかく》し、朗《ほが》らかにがんばりぬいてほしい。

未来《みらい》への指針《ししん》集《しゅう》

エジプト・カイロ（著者撮影）

*

「何のために」学《まな》ぶのか。心に、その柱《はしら》がある人は強《つよ》い。

信念《しんねん》の定《さだ》まった人は、何があってもくじけない。

いたずらに人目《ひとめ》を気にし、世間《せけん》の風潮《ふうちょう》に流され、揺《ゆ》れ動《うご》く人生は、はかない。愚《おろ》かであり、不幸《ふこう》である。

どんな立派《りっぱ》な家屋《かおく》でも「柱《はしら》」がなければ、建《た》たない。

心に「大目的の柱《はしら》」をもった、青春の「学《まな》びの王者《おうじゃ》」であっていただきたい。

＊

信頼《しんらい》される人間の要件《ようけん》とはなにか——。

一言《ひとこと》でいえば、約束《やくそく》をきちんと守ることであろう。そして、常に「誠実《せいじつ》」「献身《けんしん》」「思いやり」を忘《わす》れないことである。

誠実《せいじつ》な対応《たいおう》の人、献身《けんしん》の行動《こうどう》の人、思いやりの心を忘《わす》れない人には、自然《しぜん》と「友」が集《あつ》まってくるものである。

自分自身の心を豊《ゆた》かに磨《みが》きながら、信頼《しんらい》と友情《ゆうじょう》の輪《わ》を広げていこう。

＊

「最《もっと》も難《むずか》しい勝利《しょうり》」とは何か。

それは、「自分に勝《か》つ」こと以外《いがい》にない。

「昨日《きのう》の自分」より「今日《きょう》の自分」、「今日《きょう》の自分」より「明《あ》日《す》の自分」を見よ——そう生きぬく「向上《こうじょう》の人」こそ、偉《い》大《だい》なる人生の山を登《のぼ》りきれる人である。

「天才《てんさい》」「秀才《しゅうさい》」といっても、「努力《どりょく》」の結晶《けっしょう》である。

すべて、「自分」で決《き》まるのである。

*

二十一世紀の舞台《ぶたい》で存分《ぞんぶん》に活躍《かつやく》するために、何か一つ、「語学《ごがく》」を身につけていこう。

語学《ごがく》を学《まな》ぶことは、その国の人の考《かんが》え方を知り、心を学《まな》んでいくことに通《つう》じる。それでこそ、教養《きょうよう》ある国際人《こくさいじん》となることができる。

英語でも、フランス語でも、中国語でも、何語《なにご》でもいい。語学《ごがく》を習得《しゅうとく》して、世界の「文化」と「心」の交流《こうりゅう》に貢献《こうけん》していただきたい。

＊

いつも明るい笑顔《えがお》で周囲《しゅうい》の人を元気づけながら、すべてを前進《ぜんしん》の方向へ、向上《こうじょう》の方向へと向けていきたい。

心にダイヤモンドを持《も》てる人は、あらゆるものに、美《うつく》しい輝《かがや》きを見出《みいだ》せる。どんな境遇《きょうぐう》にあっても、喜《よろこ》びを見つけることができる。

その「明朗《めいろう》の人」の胸中《きょうちゅう》には、永遠《えいえん》に希望《きぼう》の太陽が昇《のぼ》る。明るい青空が広がっている。未来への虹《にじ》が輝《かがや》いている。

＊

人生はまず、〝どんな困難《こんなん》も乗《の》り越《こ》えてみせる〟〝小さな自分の殻《から》を破《やぶ》ってみせる〟という気概《きがい》を持《も》つことだ。

そこから、一切が開《ひら》けていく。

「限界《げんかい》を超《こ》えよう」――そう決めたとき、実《じっ》は自分の「心の限界《げんかい》」は、すでに一歩《いっぽ》、破《やぶ》れているのである。

その時点《じてん》で、理想《りそう》や目標《もくひょう》も、なかば達成《たっせい》されているとさえいってよい。

＊

「健康《けんこう》第一」の規則《きそく》正しい生活を心がけよう。

とくに、朝《あさ》のスタートが大切である。さわやかな朝《あさ》の出《しゅっ》発《ぱつ》は、一日の充実《じゅうじつ》と、堅実《けんじつ》な前進《ぜんしん》の日々《ひび》をもたらしてくれる。その積《つ》み重《かさ》ねが、満足《まんぞく》と勝利《しょうり》の人生へと、結実《けつじつ》していくのである。

一流の人物へと大成《たいせい》する人は、こうした生活の基本《きほん》を決して、おろそかにしないものだ。

勝利《しょうり》の人生を切り開《ひら》くための体も心も、青春時代にこそ培《つちか》われることを忘《わす》れまい。

*

人生は「心」の置《お》きどころひとつで、大きく開《ひら》けてもいくし、逆《ぎゃく》に閉《と》ざされてしまう場《ば》合《あい》もある。

順調《じゅんちょう》ばかりの人生などありえない。

たとえ不本意《ふほんい》な環境《かんきょう》に置《お》かれたとしても、強《つよ》き「心」で、一切《いっさい》を〝満足《まんぞく》〟の方向へと回転《かいてん》させながら、自分自身の「幸《こう》福《ふく》の花園《はなぞの》」を、咲《さ》き薫《かお》らせていただきたい。

＊

「詩心《しごころ》」なき人生は、わびしい。

多感《たかん》な青春時代に、多くの人と語り、多くの書物《しょもつ》に接《せっ》し、多くの自然《しぜん》に触《ふ》れる――そのなかで、人の心の輝《かがや》きや、自《し》然《ぜん》の美《うつく》しさを直感《ちょっかん》する「詩心《しごころ》」が育《はぐく》まれていく。

「詩心《しごころ》」の人は、他者《たしゃ》の痛《いた》みを、わが痛《いた》みとする。そして、皆の喜《よろこ》びに歓喜《かんき》する。

「詩心《しごころ》」を大切にする〝心の豊《ゆた》かさ〟が、自分自身をどこまでも深め、広げていくのである。

*

中途半端《ちゅうとはんぱ》は、青年の大敵《たいてき》である。

ぼんやりと過《す》ごした「不完全燃焼《ふかんぜんねんしょう》」の青春は、人生に大きな悔《く》いを残《のこ》すにちがいない。

ゆえに何でもよい、全力で打《う》ち込《こ》める「自分の道」を見つけ、「自分の使命《しめい》」「自分の理想《りそう》」を見つけることだ。それに向《む》かって、もてる「青春の力」を思いきり発揮《はっき》し、爆《ばく》発《はっ》させていくことである。

それでこそ青春である。それでこそ悔《く》いなき人生となる。

＊

「足下《そっか》を掘《ほ》れ、そこに泉《いずみ》あり」という言葉《ことば》が、私は好《す》きである。

君でなければ掘《ほ》り当《あ》てることのできない、君自身の輝《かがや》く黄金《おうごん》の鉱脈《こうみゃく》は、ほかならぬ君の足下《そっか》に眠《ねむ》っている。

一事《いちじ》が万事《ばんじ》である。その鉱脈《こうみゃく》を掘《ほ》り当《あ》てるまで、一つ一つ目標《もくひょう》を明快《めいかい》にしながら、邁進《まいしん》してほしい。

＊

大切なのは、〝前へ進《すす》んでいこう〟という「情熱《じょうねつ》」である。

「情熱《じょうねつ》」をもった人の胸《むね》には、火が燃《も》えている。愚痴《ぐち》や言い訳《わけ》などの〝湿《しめ》っぽさ〟がない。

「情熱《じょうねつ》」に輝《かがや》く人には、「知恵《ちえ》」がわく。「力」が出る。「友」が生まれる。

知識《ちしき》と実践《じっせん》、思索《しさく》と行動《こうどう》——それらを結《むす》ぶものは、若々《わかわか》しい純粋《じゅんすい》な「情熱《じょうねつ》」である。

＊

「ありがとう」と言える人は幸《しあわ》せである。いつも「ありがとう」と言える人生は、明るい。自他《じた》ともに、喜《よろこ》びが広がっていく。

「ありがとう」――この一言《ひとこと》の心を知り、豊《ゆた》かに使っていける人は、どんな弁論家《べんろんか》よりも雄弁《ゆうべん》であろう。

「サンキュー」（英語）「ダンケ」（ドイツ語）「メルシー」（フランス語）「謝謝《シエシエ》」（北京《ペキン》語）「多謝《トーチエ》」（広東《カントン》語）「グラシアス」（スペイン語）「グラッチェ」（イタリア語）「オブリガード」（ポルトガル語）「スパシーバ」（ロシア語）……。

*

世界市民の第一歩《だいいっぽ》も、「ありがとう」をさわやかに言うところから始《はじ》まる。

青春時代の誓《ちか》いと信念《しんねん》を貫《つらぬ》いた人が、人生の勝利者《しょうりしゃ》である。誓《ちか》いとは、自己《じこ》をかぎりなく向上《こうじょう》させ、活躍《かつやく》させ、完成《かんせい》させていく原動力《げんどうりょく》であるからだ。

誓《ちか》いは果《は》たしてこそ、誓《ちか》いである。信念《しんねん》は貫《つらぬ》いてこそ、信念《しんねん》である。

人がどうあれ、自分は、自分だけは、わが誓《ちか》いに生きる。わが信念《しんねん》の道を征《ゆ》く。それが「自分自身に生きる」という

ことである。

＊

若き生命は、ちょっとしたきっかけで、いくらでも伸《の》びていく。自分で〝自分はこんなものだ〟と決《き》めつけてしまうことはない。

ともかく、「学《まな》ぼう」という挑戦《ちょうせん》の心を、粘《ねば》り強《づよ》く持《も》ち続《つづ》けた人が、最後《さいご》に勝《か》つのである。

だから、一喜《いっき》一憂《いちゆう》せず、楽観的《らっかんてき》に、強《つよ》く、たくましく、勉強《べんきょう》に挑戦《ちょうせん》してほしい。

＊

真心《まごころ》こもる「言葉《ことば》づかい」と、温《あたた》かな「ふるまい」を心がけていきたい。

〝自分さえよければいい〟という心は、結局《けっきょく》、自分自身を不幸《ふこう》にしてしまう。

人を大切にする分、自分が豊《ゆた》かになっていく。

平凡《へいぼん》でもよい。「あの人のそばにいると、安心《あんしん》する」「あの人の話を聞くと、希望《きぼう》がわく」と言われるような、思いやりのある人でありたい。

＊

一度結《むす》んだ友情《ゆうじょう》は、絶対《ぜったい》に裏切《うらぎ》らない。その人が大変《たいへん》になればなるほど、守《まも》りぬいていく。そうした変《か》わらざる友《ゆう》情《じょう》ほど、美《うつく》しいものはない。

表面《ひょうめん》の「つき合い」だけであれば、人格《じんかく》がなくともできる。「友情《ゆうじょう》」は人格《じんかく》なくしては生まれない。

信条《しんじょう》の違《ちが》い、立場《たちば》の違《ちが》いを超《こ》えて、一人《ひとり》の「人間」として、絶対《ぜったい》の信義《しんぎ》と誠実《せいじつ》で結《むす》ばれていく——その友情《ゆうじょう》こそ、人生の宝《たから》である。

◉著者の略歴

一九二八年～二〇二三年。東京生まれ。創価学会第三代会長、名誉会長、創価学会インタナショナル（ＳＧＩ）会長を歴任。創価大学、アメリカ創価大学、創価学園、民主音楽協会、東京富士美術館、東洋哲学研究所、戸田記念国際平和研究所などを創立。世界各国の識者と対話を重ね、平和、文化、教育運動を推進。国連平和賞のほか、モスクワ大学、グラスゴー大学、デンバー大学、北京大学など、世界の大学・学術機関から名誉博士・名誉教授、さらに桂冠詩人・世界民衆詩人の称号、世界桂冠詩人賞、世界平和詩人賞など多数受賞。

主な青少年向け著書に、『未来の翼』『希望の虹』『希望の大空へ』『未来対話』『希望対話』『青春対話（一・二巻）』や、創作童話『さくらの木』『お月さまと王女』『青い海と少年』『雪ぐにの王子さま』『あの山に登ろうよ』『ヒマラヤの光の王国』『太平洋にかける虹』など多数。

新装改訂版

希《き》望《ぼう》の翼《つばさ》

2006年8月24日　初版発行
2024年2月16日　12刷発行
著　者　池田 大作
発行者　松本 義治
発行所　株式会社 鳳書院
〒101-0061
東京都千代田区神田三崎町2-8-12　電話03(3264)3168(代表)
印刷・製本　TOPPAN株式会社

ISBN978-4-87122-142-9